U0088272

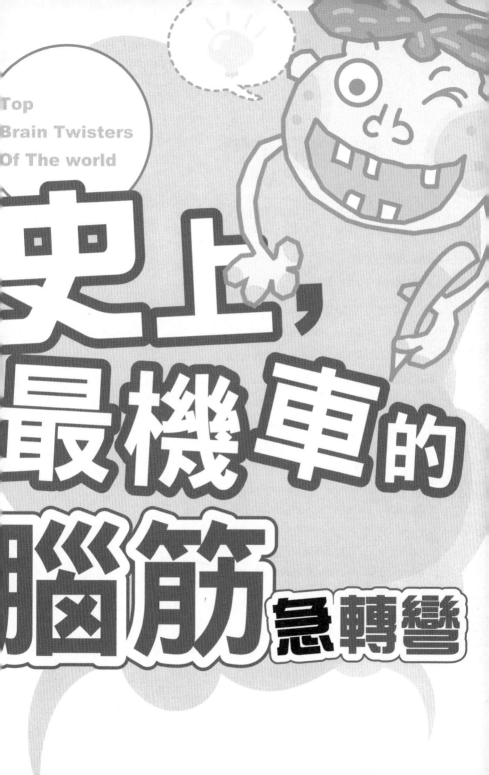

Top
Brain Twisters
Of The world

史上，

最機車的

腦筋 急轉彎

幻想家系列 51

史上，最機車的腦筋急轉彎

編　　著　丁曉宇
出 版 者　讀品文化事業有限公司
責任編輯　林美娟
封面設計　姚恩涵
美術編輯　王國卿

總 經 銷　永續圖書有限公司
　　　　　TEL／(02)86473663
　　　　　FAX／(02)86473660
劃撥帳號　18669219
地　　址　22103 新北市汐止區大同路三段 194 號 9 樓之 1
　　　　　TEL／(02)86473663
　　　　　FAX／(02)86473660
出 版 日　2018 年 3 月

法律顧問　方圓法律事務所　涂成樞律師
CVS 代理　美璟文化有限公司
　　　　　TEL／(02)27239968
　　　　　FAX／(02)27239668

國家圖書館出版品預行編目資料

史上，最機車的腦筋急轉彎／丁曉宇編著.
--初版.--新北市 ： 讀品文化, 民 107.03
　　面；公分.--（幻想家系列：51）
ISBN　978-986-453-069-4 (25K 平裝)

1. 益智遊戲

997　　　　　　　　　　　　　107000182

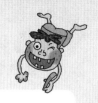

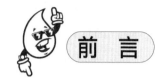

前　言

　　你知道太陽，星星和月亮當中哪一個是男的嗎？

　　天上的月亮、星星也有性別嗎？這恐怕連天文學家也不知道吧！再仔細想想，我們平時不是都說「太陽公公」嗎？太陽自然是男的了。

　　再來看一個問題，世界上是先有女人，還是先有男人？這是不是讓你想起了蛋生雞和雞生蛋的問題呢？心中必定又是一陣糾結。其實答案很簡單，那就是先有男人，因為男人都叫「先生」啊！

　　這就是腦筋急轉彎，它以輕鬆活潑的形式啟發思考，讓你百思不得其解，但看到那些打破常理、別出心裁的答案之後，往往又會恍然大悟、拍案叫絕。

　　哈佛大學校長蒲賽曾一針見血地指出，是否具有創新能力是一流人才和三流人才之間的分水嶺。在日益加大的學習、工作壓力之下，許多人都形成了思維定式，被慣性思維所左右，缺乏創新能力。而對於創新來說，重要的不是知識儲備，而是思維方法，能否從多個角度

思考問題、從別人想不到的角度思考問題是決定我們能否成為創新人才的關鍵。這是一個盛行創意和趣味的時代，你能在最短的時間裡回答出這些暗藏機關的題目嗎？

　　快打開本書，檢驗一下你的大腦應變能力到底有多快！

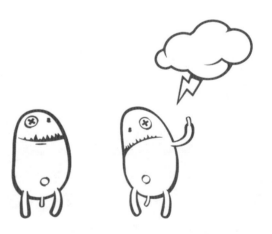

CONTENTS

面對這些古怪刁鑽的問題，你一定會緊鎖眉頭、百思不得其解！但建議你換個角度去思考，也許就會柳暗花明。趕快來開動腦筋，你也會變得像聰明的一休一樣足智多謀！

這些問題如果用常規思維思考是找不到答案的，唯有獨闢蹊徑才能突出重圍。快來比比誰的心思最巧妙、誰的腦袋最靈活！

Top
Brain
Twisters

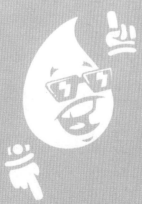

Part 1

原來如此的創意類

這些腦筋急轉彎的答案將會讓你大呼:「原來如此!」這些答案既在意料之外,又在情理之中,趕緊啟動你的腦細胞,在不可能中尋找可能吧!

Question

01. 電影票五十元一張，小張遞給售票員一百元，為什麼售票員問都沒問就知道他要兩張票？

02. 為什麼林書豪要抓皮卡丘？

03. 有個人車子玻璃常被打破，雖然沒什麼東西被偷，但是光換玻璃就要花很多錢，於是他就想了一個點子，貼一張「車內沒值錢的東西」的海報在玻璃上，心想應該沒事了，誰知隔天起床，玻璃又被打破了，這是為什麼？

04. 為什麼結婚戒指象徵著永恆？

05. 彩色絲襪已經變成一種流行，為什麼紅色系列在某地銷售得最差？

06. 一個人死了。出殯那天，他的家人哭喊：「爽啊……爽啊！」路人不解，問道：「你們爽什麼啊？」家人痛哭流涕：「爽死了……爽死了！」這是為什麼？

07. 一個棉花糖去打網球，剛打了幾下就不想打了，為什麼？

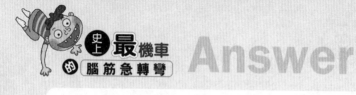

01 因為小張遞給售票員兩個五十元的硬幣。

02 因為他是火箭隊的。

03 打破玻璃的人想證實一下。

04 因為它沒有頭,也沒有尾。

05 因為這裡蘿蔔腿的女孩太多。

06 死的那個人叫「爽」。

07 因為渾身都是軟的。

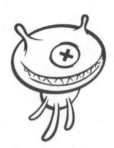

Question

08. 太陽、星星、月亮中誰是男的？為什麼？

09. 媽媽叫小雨在家看門不要出去玩，為什麼小雨又能出去玩還可以繼續看門？

10. 湖面上有一條船，船裡的男人正在釣魚，他把船底打了一個洞，可是船並沒有下沉，為什麼？

11. 小馬家在六樓，為什麼他要在三樓停一下？

12. 一個員警追一個小偷，到了一條巷子看到了一輛腳踏車，可是他倆都沒有騎，員警接著追這個小偷。他們倆為什麼不騎腳踏車？

13. 在著名的中國古典文學《紅樓夢》中，多愁善感的林黛玉為什麼要葬花？

14. 一隻猴子贏得了馬戲團的最佳表演獎，有三個獎品可以選擇：現金五千元、數位相機、夏威夷三日遊，猴子毫不猶豫地選擇了數位相機，為什麼？

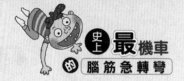
08 當然是太陽公公了。

09 他把門帶出去了。

10 湖面結冰了，打洞是為了釣魚。

11 三樓有人要搭電梯。

12 腳踏車沒氣。

13 反正閒著也是閒著。

14 因為它會自動變焦（蕉）。

15. 路上，一坨黑色的屎遇到一坨白色的屎，十分嫉妒的說：「你憑什麼長得比我漂亮？」白色的聽完後卻委屈地哭了，為什麼？

16. 把一頭豬和一隻企鵝一起放進冰箱裡面，為什麼企鵝死了豬沒死呢？

17. 人走在路上看見草叢，為什麼大聲呵斥？

18. 易開罐為什麼不能和易開罐結婚？

19. 九月一日為什麼會下雨？

20. 猴子爬樹的時候為什麼每爬兩下再蹦一下？

21. 螞蟻的牙齒為什麼是黑的？

22. 妞妞參加呼啦圈大賽，她一直堅持到了最後一刻，呼啦圈始終沒有掉下來，可她沒有得到冠軍，為什麼？

23. 阿強養了一條兇猛的狼犬，為什麼牠從來不咬小胖？

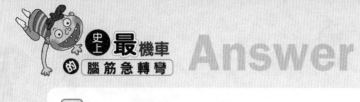

15. 人家是冰淇淋掉到地上了。

16. 因為冰箱沒插電,企鵝熱死了。

17. 那對談戀愛的,嚴禁踏草坪!

18. 因為易開罐心裡裝著可樂。

19. 開學了,老天不想去。

20. 因為腿只能蹬一下,手要分別爬兩下,才不會掉下來。

21. 因為《不怕不怕》的第一句話是MA YI YA HEI(螞蟻牙黑)。

22. 妞妞太胖,呼啦圈卡在腰上所以一直掉不下來。

23. 狼犬愛吃瘦肉。

1

24. 一天，當一位著名的男歌星出現在熱鬧的街頭，卻沒人認出他來，為什麼？

26. 一個刮著寒風的早晨，有一位西裝革履的男人在河裡拼命游泳，這是為什麼？

27. 為什麼爸爸送給樂樂一份生日禮物，樂樂卻一腳把它踢開？

28. 超人和女超人一起做伏地挺身，為什麼超人做完地上有一個洞，女超人卻有兩個？

29. 一個人從五十層高的大樓上掉下來，重重地摔在了地上，為什麼沒有摔死？

30. 大灰狼拖走了羊媽媽，為什麼小羊也一聲不吭地跟著去了？

31. 為什麼吸血鬼從來不喝果汁或者蔬菜汁？

32. 東東不小心把一瓶墨水灑在地毯上，被媽媽狠狠教訓了一頓，他覺得很委屈，為什麼？

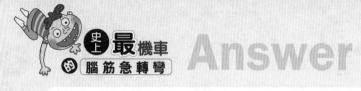

24 因為他忘了戴墨鏡。

25 因為嫦娥去年中秋就笑死了。

26 路過河邊時一失足掉進河裡了。

27 因為禮物是個足球。

28 超人用單手做伏地挺身，女超人用兩手做。

29 他在半空中就被嚇死了。

30 小羊還在媽媽肚子裡。

31 他害怕「汁」裡的十字架。

32 因為他覺得墨水不貴啊。

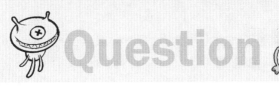

33. 在外地打工的阿明寄了封信回老家,還夾了一張自己的照片,為什麼家人受到以後卻遲遲不肯打開看呢?

34. 飯桌上,阿牛和小胖居然說著說著就動起了拳頭,旁邊人為什麼不阻止他們?

35. 明明不會游泳,為什麼還敢獨自到深水中去?

36. 作文課上,老師為什麼問小白和小黃是不是親兄妹?

37. 一座橋上立著一塊碑,碑上寫著「不准過橋」,但是很多人都不理睬,照樣過去,為什麼?

38. 大學聯考放榜時,曉東榜上無名,卻一點兒也不難過,為什麼?

39. 已經上幼稚園的月月去看望奶奶,對奶奶說:「以前的人真可憐,都生活在沒有色彩的世界。」月月為什麼會這麼認為呢?

40. 一對健康的夫婦生出的寶寶為什麼沒有眼睛?

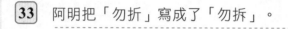
33 阿明把「勿折」寫成了「勿拆」。

34 因為他倆在划拳。

35 他是搭潛水艇去的。

36 因為他倆寫的作文《我的媽媽》內容完全一樣。

37 這座橋的名字叫「不准過橋」。

38 曉東還在上初中。

39 因為月月翻看奶奶以前的照片，發現全是黑白的。

40 鳥生蛋。

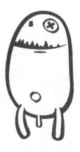

41. 小玲撿到一個旅行團丟的幾樣東西，她一件也沒有歸還，媽媽還說她做得對，為什麼？

42. 莉莉是個胖女孩，一年之後，她的體重一點兒也沒有減，為什麼大家都說她變苗條了？

43. 大胖說他最喜歡過夏天和冬天，為什麼？

44. 小明的一篇文章在全班同學面前朗讀，老師也說他寫得很用心，可他卻不敢拿給爸爸看，為什麼？

45. 非洲大草原上的斑馬，為什麼不肯到城市裡來？

46. 李太太家裡有三支運轉正常、準確無誤的錶，可她仍然不知道現在是幾點，為什麼？

47. 剛當兵的小馬投手榴彈為什麼總是不爆炸？

48. 一個人拼命往前跑，一會兒左腿跳著跑，一會兒右腿跳著跑，一會兒蹲著跑，為什麼？

41 因為她撿的是垃圾。

42 因為莉莉長高了十公分。

43 因為夏天有暑假，冬天有寒假。

44 他寫的是檢討書。

45 牠怕人們往牠身上踩。

46 那三支錶分別是電錶、水錶和煤氣錶。

47 他丟的是練習彈。

48 他在三級跳。

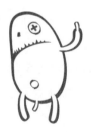

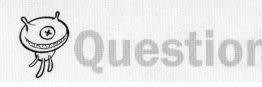

49. 自從王主任上任之後，辦公室裡上班打瞌睡的現象徹底消除了，為什麼？

50. 李大夫每次給病人看病，從來不開拿藥的處方，可每天來找他看病的患者仍然很多，這是為什麼？

51. 小王用捕鼠籠在家抓老鼠，第二天一早發現籠子裡抓到一隻活老鼠，而籠子外面卻有兩隻四腳朝天的死老鼠，為什麼？

52. 有隻小螞蟻在自己家附近玩耍，不久看見一頭大象慢悠悠走了過來，螞蟻一驚，連忙跑回家去，想了想又伸出了一條自己細細的小腿，請問為什麼？

53. 一位老奶奶在看報，一隻蚊子正想要叮她，老奶奶手和腳都沒動，為什麼蚊子會突然死掉了？

54. 一隻穿著防彈衣的鸚鵡在樹枝上跳舞，為什麼還是被獵人一槍打了下來？

55. 小明學習古人鑿壁引光，為什麼被打得半死？

49 因為他的鼾聲吵得別人無法入睡。

50 他是一位心理諮詢師。

51 外面那兩隻看到同伴上當，活活笑死。

52 牠想絆大象一跤。

53 老奶奶用皺紋把蚊子擠死了。

54 因為牠在跳脫衣舞。

55 隔壁是小美的浴室。

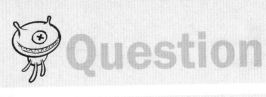

56. 一條小河中有二十多隻青蛙在游泳，只有一隻青蛙穿了褲子，請問為什麼？

57. 小逗號已經是中學生了，為什麼看了表之後還不知道時間呢？

58. 爺爺過大壽那天吃到了一個沒有蛋黃的雞蛋，很高興，為什麼？

59. 三個人一起下田，其中一個人卻老站在那裡不動手，其他兩個人還不生氣，為什麼？

60. 一個不會游泳的人掉進了水裡卻沒有淹死，為什麼？

61. 明明今年期末考試得了第十名，為什麼比去年得了第五名還高興？

62. 過了三十多個路口，為什麼都是綠燈呢？

63. 沒有女人不喜愛化妝品，那為什麼最不該送給女朋友的禮物恰恰也是化妝品？

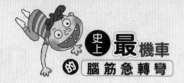
56 穿褲子的青蛙是澡堂服務生。

57 因為他看的不是手錶，是課程表。

58 因為吾皇（無黃）萬歲萬歲萬萬歲。

59 那是個稻草人。

60 他穿著救生衣。

61 因為今年沒有作弊。

62 紅燈要停車的，要過路口當然是綠燈了。

63 因為這樣會使你永遠看不到她的真面目。

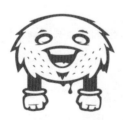

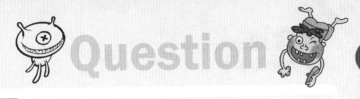

64. 為什麼晚上不適合看歷史書？

65. 老王經常給病重的人預測生死，所有的病人無論生死，從來沒有人說他預測得不準，為什麼？

66. 一根樹枝上站著十隻大小一樣的小鳥，高度一樣，胖瘦也一樣，牠們排成一列，每一隻都站在前面一隻的正後方。一個獵人站在第一隻小鳥的正面開槍，為何前面九隻小鳥都沒事，最後面的那隻反而被打死了？

67. 牛頓為什麼能發現萬有引力？

68. 兩個人在沙漠中尋找水源，找到以後用水桶去提水，兩個水桶是一模一樣的，也都沒有損壞，可是其中一個人帶回來的水總比另一個人多一點，為什麼？

69. 一條一公尺多寬的小路，兩旁是陡峭的絕壁，一個人被蒙上雙眼，捆住雙腳，只能像兔子一樣往前跳，竟然安全地通過了這條小路，為什麼？

64 因為歷史人物都已經變成鬼，晚上看容易做噩夢。

65 不論老王預測病情如何，那些活下來的病人不會埋怨他猜得不準，死了的病人更無法埋怨他了。

66 最後一隻以為自己肯定不會被打中，就幸災樂禍地跳了起來，結果槍打出頭鳥。

67 因為他想知道到底是誰砸中了他的腦袋。

68 因為他每次都把自己的衣服浸在水裡弄濕，回來再擰乾。

69 因為兩旁的絕壁把小路夾住了，怎麼跳也不會掉下去。

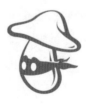

70. 媽媽讓小寶帶著足夠的錢去早餐店買饅頭，可是老闆死活都不賣給他，為什麼？

71. 一天晚上，老王走在回家的路上，突然路邊跳出一個持槍歹徒，要老王把身上的錢都交出來，老王身上帶了不少錢，很害怕，可他一分錢也沒交出來，為什麼？

72. 為什麼說日本人很講究衛生？

73. 凱達格蘭大道上往來最多的是什麼人？

74. 小丁在游泳池游泳，游著游著，為什麼水突然變深了？

75. 大街上，有人跟阿丹說她的衣服怎麼沒扣衣扣，她卻不在乎，為什麼？

76. 一個長寬各一公尺，深兩公尺的土坑，坑裡沒有水，為什麼有人不慎跌落下去淹死了？

77. 鐵蛋把炸彈引爆了，自己也沒有躲避之處，卻沒有炸到自己，為什麼？

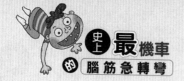
70 饅頭還沒蒸熟呢！

71 老王當時就被嚇暈過去了。

72 日本人看見什麼東西，就說「要洗要洗」的。

73 行人。

74 因為有人剛在水裡撒了一泡尿。

75 她的衣服是用拉鍊的，不用扣。

76 因為那是糞坑。

77 他在玩電腦遊戲。

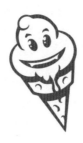

78. 在今天的擂台賽中，六歲的小琪為什麼能夠赤手空拳地打敗一個身強力壯的成年人？

79. 丁丁的身體並沒有什麼異樣，可為什麼丁丁比媽媽多了兩條腿？

80. 泥鰍並不大，可是小強為什麼一定要用兩隻手抓泥鰍？

81. 小芸去超級市場買東西，當時正是營業時間，警衛卻在門口攔住她不讓她進，為什麼？

82. 妞妞平時最討厭狗，為什麼今天看見狗卻主動迎上去？

83. 一家人正在看恐怖片，劇情進入最緊張的關頭，大家嚇得尖叫起來，可小英卻在一旁大笑，為什麼？

84. 大草原上有各式各樣的動物，獅子為什麼偏偏要吃兔子？

Answer

78 他們在比賽下棋。

79 因為丁丁是嬰兒，只能爬著走。

80 十拿九穩嘛。

81 因為那是出口。

82 那是熱狗。

83 小英在另一個房間看喜劇片。

84 牠老了，沒抓到別的動物。

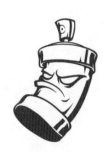

85. 胖妞每次和老公去買衣服，試完後老公總是不肯付錢，胖妞只好走了。這次老公卻很痛快地付了錢，為什麼？

86. 除了愛吃樹上的樹葉之外，長頸鹿為什麼要長那麼長的脖子？

87. 小王正在河邊釣魚，等了很久好不容易出現一條魚，他反而掉頭就跑，為什麼？

88. 到了海邊，小張的同事都紛紛下海了，他為什麼不下？

89. 乞討的人為什麼要出現在熱鬧的街頭？

90. 希特勒問一位占星學家：「我將死於哪一天？」為什麼占星學家說他將在猶太人的節日裡死去呢？

91. 一個人非常有錢，他的資金沒有被凍結，卻什麼東西也不能買，為什麼？

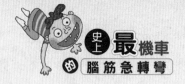

85 因為胖妞試衣服的時候把衣服穿破了，不買不行。

86 因為牠愛出風頭。

87 過來的是條鱷魚。

88 小張不會游泳。

89 出來逛街的人身上都帶著錢。

90 因為希特勒不論死於哪一天，都將成為猶太人的節日。

91 他正在沙漠裡。

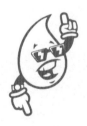

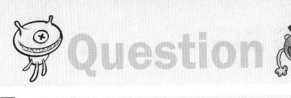

92. 為什麼現在的女孩子洗澡都不用肥皂要用沐浴露？

93. 約會中，為什麼小麗一直生小剛的氣，小剛很委屈，他什麼壞事都沒做啊！

94. 為什麼齊秦的死忠歌迷要以「獵手」自居呢？

95. 小李在公司說話一向謹慎，可最近他總是誇海口，你知道為什麼嗎？

96. 曉月的爸爸是個好廠長，可大家都說他永遠當不上正廠長，為什麼？

97. 阿牛第一次練習射擊，卻每次都能打滿靶，為什麼？

98. 汪師傅有枝筆，經常使用，卻從沒寫過一個字，為什麼？

99. 熱戀中的人為什麼喜歡在黑暗的地方談戀愛？

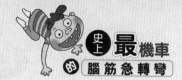

92 怕越洗越肥。

93 她正是為了這點才生氣啊。

94 因為齊秦是「一匹來自北方的狼」。

95 他剛去海口旅遊過。

96 她爸爸姓付，別人都叫他付（副）廠長。

97 因為他離靶子只有一公尺遠。

98 汪師傅是個電工，那枝筆是檢電筆

99 因為愛情是盲目的。

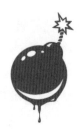

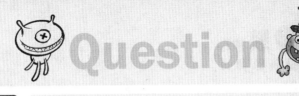

100. 一隻貓頭鷹說牠可以在白天出門而不用戴墨鏡，為什麼？

101. 一個人兩隻手各拿著一個杯子，同時摔下去，一個摔破了，另一個沒摔破，為什麼？

102. 為什麼白鷺鷥總是縮著一隻腳睡覺？

103. 張大媽整天說個不停，可有一個月她說話最少，這個月她並沒有生病，這是為什麼？

104. 路邊的電線桿上蹲著一隻猴子，為什麼司機小宋看到牠就停下車來？

105. 有一家人在客廳裡，明明聽到有人喊「救命啊，失火了」，為什麼他們一家人誰也不動？

106. 為什麼媽媽幾個月都沒給弟弟吃飯，而他卻依然健康成長？

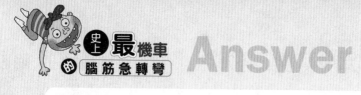

100 牠是一隻瞎眼貓頭鷹。

101 因為一個是鐵的，一個是瓷的。

102 如果縮兩隻腳就會摔倒。

103 那是二月，因為二月只有二十八天。

104 他把猴子屁股當成紅綠燈了。

105 這是電視裡的人喊的。

106 因為弟弟在媽媽肚子裡。

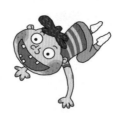

107. 被恐怖分子追殺的某國王在逃亡的飛機上對同機的記者說：「我這次逃亡的目的地除了我以外全世界沒有第二個人知道。到達目的地的時候，各位一定會嚇一大跳。」但是有一名記者卻笑著說：「那可不見得。」他為什麼要否定國王的話呢？

108. 莉莉能聽懂英國廣播電台的廣播，為什麼英語考試還是不及格？

109. 新買來的羊毛衫上就有幾個洞，為什麼？

110. 有一個非常棒的網站，提供免費的防毒軟體、音樂、MV等下載，為什麼卻很少有人去呢？

111. 明明考上了大學，有天晚上在學校裡他竟然看到了一個死去多年的熟人，為什麼？

112. 有一天學生們正在小考，有一個學生答出來之後卻被老師訓了一頓，他的答案並沒有錯，這是為什麼？

107 因為那架飛機的駕駛員應該知道飛機飛往哪裡。

108 因為她聽的是英文廣播電台的中文廣播。

109 沒洞怎麼穿？

110 網站剛剛建好，知道的人太少。

111 他是學醫的，在解剖台上看見了熟人的屍體。

112 因為他把答案念給全班同學聽。

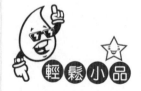 輕鬆小品 **厲害的鸚鵡**

　　一個人養了一隻鸚鵡，非常厲害，和牠關在一起的其他鳥都被牠打死了。

　　後來，主人弄回來一隻鷹和牠擱在了一塊。等主人再來看時，籠子外面掛著鸚鵡的毛。

　　主人說：「這次不囂張了吧。」可再仔細一看，是鷹死了，鸚鵡光著個身子說：「這孫子真厲害，不脫光膀子還真打不過的。」

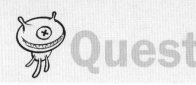

113. 在火災中死裡逃生的一名女子因為失聰,所以消防員用白紙黑字寫出想問的問題,然而這個女子雖然看得到而且識字,卻沒有寫下隻言片語。試問,為什麼這名女子沒有寫下什麼,消防員就知道了答案呢?

114. 小星是大家公認的窮光蛋,為什麼他卻可以日擲千金?

115. 古代打仗時勝利方通常會讓失敗方雞犬不留,為什麼?

116. 阿光的女朋友是個愛笑的人,沒事就見她笑得前仰後合,稍有一點小動作,也能逗得她咯咯笑。她和阿光去聽相聲時,但見台下觀眾捧腹大笑,卻只有她毫無反應,這究竟是為什麼呢?

117. 有一男一女在車站裡打掃環境,其中那個男人的臉被灰塵弄髒了,另一個女人的臉卻沒有弄髒。但是為什麼去洗臉的是那個女的而不是那個男人呢?

118. 人有兩隻耳、兩隻手、兩隻腳,但為何只有一條舌頭?

| 113 | 因為她開口說話了。 |

| 114 | 因為他是銀行運鈔員。 |

| 115 | 打完仗給士兵加菜。 |

| 116 | 因為阿光的女朋友是外國人，聽不懂相聲。 |

| 117 | 因為那個女人看見對方的臉被弄髒了，以為自己的臉也被弄髒了，所以才去洗臉。 |

| 118 | 是為了讓人少說廢話。 |

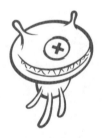

Question

119. 為什麼小明的語文老師從初一到初三總共只教了一篇課文卻沒有被學校辭退？

120. 為什麼企鵝的肚子是白色的而背是黑色的呢？

121. 小李的成績單週一才會發，為什麼週日晚上他就因為成績不好被爸爸訓了一頓？

122. 一群動物開完聚會後，沖進便利商店買東西，因為太吵，結果都被店員打出來了，卻獨留小羊在商店裡，請問這是為什麼？

123. 蜘蛛愛上了蝴蝶，蝴蝶卻拒絕了，為什麼？

124. 某天，有個人在大街上一直仰著頭站著，大家都以為天空中有什麼新奇的東西，於是都跟著抬頭往天上看，可天空中什麼也沒有，你知道那人為什麼仰著頭嗎？

125. 小歪為什麼不能參加足球賽？

126. 下雪了，彎彎開了暖氣，關了門窗，為什麼還會感到冷？

119 初一到初三一共三天，教一篇課文，是正常的教學進度。

120 因為企鵝的手太短，搆不著後背，沒辦法洗。

121 因為他爸爸是他的老師。

122 因為便利店24小時不打烊（羊）啊。

123 因為他媽媽告訴他，整天在網上混的都不是好人。

124 因為他流鼻血了，仰著頭可以止血。

125 因為他容易跑偏。

126 因為彎彎在屋外。

127. 大象的耳朵為什麼那麼大？

128. 華華才一歲就經常偷吃東西，為什麼？

129. 有一隻小狗從不咬人，可是從前天開始，人人見牠都害怕起來，這是為什麼？

130. 瑪莉歐兄弟為什麼可大可小？

131. 為什麼冰山只有一角？

132. 雄螃蟹喝酒因為怕太太責怪，牠在身上噴了古龍水，同時又漱了口之後才回家，可是還沒進家門，大老遠就被等在家門口的老婆發現牠又喝醉了，為什麼？

133. 為什麼人的眉毛要長那麼高？

134. 小明見到一隻蚊子死了，卻還在動，為什麼？

135. 有一個日本人把狗送到英國去培訓，學成歸來後，為什麼無論主人命令牠坐下還是走，牠都不聽？

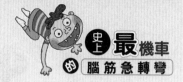
127 因為大象生活在熱帶地區，很需要扇子。

128 華華是一隻貓。

129 因為這隻狗患有傳染病。

130 因為他們吃了香菇。

131 因為另一角被鐵達尼號撞斷了。

132 因為他是直著走回來的。

133 長得低就成鬍子了。

134 風把牠吹動了。

135 因為這隻狗是用英語培訓的，聽不懂日語。

136. 螃蟹先生有一天喝得醉醺醺的回家，螃蟹太太一看就嚇得大叫一聲，昏了過去，你認為螃蟹太太為什麼會這樣？

137. 寶寶沒病，他媽媽卻硬要帶他上醫院，為什麼？

138. 從前有一個富翁，雇了一個窮人來給他打掃豪華的宮殿，但他只讓窮人打掃一部分房間。這個窮人為了給新雇主留下好印象，就自作主張打掃了所有的房間，擦拭了每一扇窗戶和每一件器物。不久後這個窮人就辭職了，你知道為什麼嗎？

139. 一個人到外地出差，因事不能馬上回家，便寫信告訴妻子，為何妻子看到信後卻讓他馬上回家？

140. 一隻狼向山坡上的小男孩靠近，儘管媽媽在遠處喊他的名字，提醒他注意，小男孩還是被狼叼走了，為什麼？

136 以為丈夫被煮了，其實牠是喝醉了臉紅而已。

137 因為寶寶要出生了。

138 這時阿拉丁的宮殿，窮人擦拭了神燈，燈神滿足他的願望給了他大量的財富，因此他辭職了。

139 因為字跡潦草，妻子只好請他自己來讀這封信了。

140 因為小男孩的名字太長了，媽媽來不及喊完他的名字他就被狼叼走了。

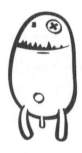

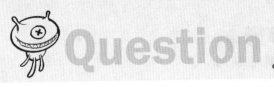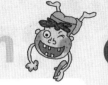

141. 一天晚上，格林太太正在織毛衣，格林先生在看電視。這時家裡的電話響了，格林先生去接電話，原來是個打錯的電話，格林先生很生氣，但是太太更生氣，你知道為什麼嗎？

142. 某人到澡堂洗澡，第一次侍者瞧不起他，扔給他一條舊毛巾就走了，他洗完澡卻丟下一個金幣，於是當他第二次去的時候，侍者對他大獻殷勤，洗完他卻只掏出一個銅板，這是為何？

143. 一位理髮師常給顧客講恐怖故事，他為什麼要這樣做呢？

144. 四個人圍坐在桌子邊玩牌，沒有其他人在場，這四個人卻全部都輸了，這是為什麼？

145. 小剛的數學成績很好，可是為什麼昨晚他做了一晚上作業，卻一道題也沒做出來？

146. 螞蟻去沙漠旅行，為什麼沙子上沒有螞蟻的腳印，只有兩條線呢？

147. 螞蟻從沙漠旅行回來，沒有通知任何人，朋友卻知道他回來了，為什麼？

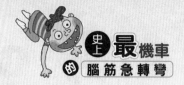

141 太太正在數針數，已經數到兩百多了，可先生對著電話那頭的人說了一個電話號碼，太太就忘記自己數到哪兒了。

142 你隨隨便便招待我，我也隨隨便便給小費。

143 因為顧客頭髮豎起來便於理髮。

144 因為他們在各自的電腦上玩撲克遊戲。

145 因為他做的是語文作業。

146 螞蟻是騎腳踏車去的。

147 看見他停在樓下的腳踏車。

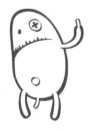

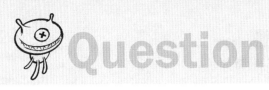

148. 曾經雄霸天下的恐龍為什麼會滅亡？

149. 一名員警在熱鬧的大街上被一個惡賊毆打，卻沒有一個人出來幫忙，為什麼？

150. 后羿為什麼要射太陽？

151. 小明的狗丟了，他為什麼不讓爸爸寫一份尋狗啟事？

152. 小強把牆壁弄黑了一大片，媽媽卻不生氣，為什麼？

153. 為什麼愛斯基摩人住在北極？

154. 傳說中有十個太陽，為什麼現在只有一個？

155. 曉曉說哥哥唱歌能把鬼都招來，月月說不會，你猜為什麼？

156. 兩根香蕉賽跑，為什麼本來在前面的那跟後來輸了？

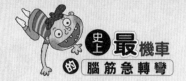

Answer

148 因為當時還沒有野生動物保護法。

149 員警穿著便服，惡賊穿著偷來的警服。

150 因為古代還沒有發明空調。

151 因為狗不識字。

152 因為那是小強的影子。

153 因為他們是愛死寂寞（諧音：愛斯基摩）的人。

154 因為有九個太陽被齊秦拿去寫歌了（齊秦有一首歌叫《九個太陽》）。

155 因為太難聽了，鬼都會被嚇跑。

156 後面那跟一著急，把自己的衣服脫了，結果自己一溜煙就滑到了前面。

157. 公車來了，第一位穿長裙的女孩投了十元，司機讓她上車，第二位穿迷你裙的女孩投了五元，司機也讓她上車，第三位女孩沒投錢，司機照樣讓她上車，為什麼？

158. 南來北往的兩個人，一個人挑擔，一個人背包，他們沒爭也沒吵，也沒人讓路，卻順利地通過了獨木橋，這是怎麼回事？

159. 白天，孩子為什麼總是貪玩？

160. 玻璃杯不是木頭做的，可為什麼「杯」字是「木」字旁？

161. 豆豆出生才三個月就會走路，為什麼？

162. 為什麼李大牛從來都不用筷子、湯匙或叉子吃飯？

163. 星期一過去是星期二，星期二過去是星期三，星期三過去卻是星期六，這究竟是怎麼回事？

157　第三位女孩用的是悠遊卡。

158　南來北往實際上是同一個方向，一個跟在另一個
後頭就行。

159　因為晚上要睡覺，沒時間玩。

160　「木」字的旁邊是「不」字。

161　因為豆豆是一隻狗。

162　他是一個喝奶的嬰兒。

163　因為多撕了兩張日曆。

164. 在公共汽車上，有兩人正熱烈地交談，可周圍的人一句話也聽不到。這是為什麼？

165. 美麗的公主結婚以後就不掛蚊帳了，為什麼？

166. 北極熊看起來行動遲緩，捕捉獵物時動作卻很敏捷。但是，牠抓不到剛出生的企鵝。你知道這是為什麼嗎？

167. 李先生帶了外國製的高級新傘到公司來，回去時傘卻不見了。李先生不但不難過，反而很高興的樣子。究竟是為什麼呢？

168. 一個教授有一個弟弟，但弟弟卻否認有個哥哥，為什麼？

169. 在村旁的一棵大樹下，一位農民用兩公尺長的繩子拴住牛鼻子，將草料放在離大樹三公尺處。可是，沒過多長時間，牛就把草料吃光了，繩子沒解開，也沒斷，這是怎麼回事？

170. 袋鼠與猴子比賽跳高，為什麼猴子還沒開始跳，袋鼠就輸了？

164 因為這是兩個聾啞人士在用手語交談。

165 因為公主嫁給了青蛙王子。

166 因為北極熊在北極，企鵝生活在南極。

167 因為李先生是專門賣傘的，拿到店裡的傘當天都賣掉了。

168 因為教授是女的。

169 因為農民沒有把繩子的另一頭拴在樹上。

170 袋鼠雙腳起跑，違反了比賽規則。

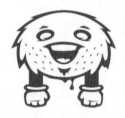

Question

171. 有一次，武奶奶買了一隻狗，買了一籃子骨頭，她休息時，用一條五公尺長的繩子將狗拴在路邊樹上，將骨頭放在離狗八公尺遠的地方，但過了一會兒，她發現骨頭被狗叼走了，你知道為什麼嗎？

172. 有一個專門收藏世界名著的美術館，替每張畫都投了巨額保險以防失竊，但是只有一幅畫完全沒有投竊盜險。那是非常有名的畫家所畫的一幅畫，也是美術館數一數二的熱門展示品。為什麼沒有投保呢？

173. 為什麼漢子不出門？

174. 英國國王為什麼是女性？

175. 為什麼父親一發現皮夾裡的錢數目少了一半後，便一口咬定是兒子幹的好事？

176. 狗和貓都會叫，為什麼魚兒從來不說話？

177. 某家醫院的醫生在看病時，絕對不向患者本人詢問病情，一定詢問陪同前來的人。為什麼呢？

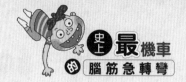

171 骨頭被別的狗叼走了。

172 那是一幅巨大的壁畫,偷竊技巧再高明的人也不可能連美術館一起偷吧!

173 因為出了門就是門外漢了。

174 因為英國男士都是紳士,講究女士優先。

175 因為老婆不會只拿走一半。

176 因為魚兒怕被水嗆到。

177 因為那是一家動物醫院。在小兒科或病人無法回答的情況下,醫生當然是向隨行人員詢問患者的病情,但是在普通的醫院,醫生不會「一定」對所有患者這麼做。

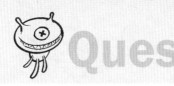

178. 俊俊逢人誇口說,自己班上全都是第一名的優等生。俊俊的班級並非只有一名學生,但是他也的確沒有說謊,你能想像這到底是什麼樣的情況嗎?

179. 小江可以金雞獨立地站兩個小時以上,為什麼雙腳卻無法在一張報紙上站一分鐘?

180. 自古以來男人都稱女人是「禍水」,可為什麼男人還是要娶女人呢?

181. 豬為什麼沒完沒了地吃?

182. 空襲時為什麼要躲在地下室?

183. 為什麼蝙蝠會經常倒吊著?

184. 為什麼關羽比張飛死得早?

185. 有個地方發生了火災,雖然有很多人在救火,但就是沒人報火警,為什麼?

186. 某人買了一輛車,兩年後卻以更高的價錢賣了出去,為什麼?

178 因為這一班的學生都剛入學，而且每一個都是來自各校第一名的優等生。

179 因為報紙貼在牆上。

180 因為因禍得福。

181 因為牠想成為一隻肉豬。

182 以後考古時方便。

183 因為牠怕吃多了胃下垂。

184 因為關羽臉紅，紅顏薄命。

185 因為是消防隊著火。

186 這個車是古董車。

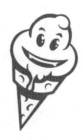

187. 一個並非神槍手的人手持獵槍，另一個人將一頂帽子掛起來，然後將持槍人的眼睛蒙上，讓他向後走十步，再向左轉走十步，最後讓他轉身對帽子射擊，結果他一槍就打中了帽子，這是怎麼一回事？

188. 湯姆應該把遊艇開到紅海去，卻到了黑海，為什麼？

189. 在某歌星舉行的露天獨唱晚會上，觀眾對晚會極不滿意，卻又掌聲不斷，為什麼？

190. 小力為什麼只買白巧克力？

191. 黑手黨為什麼喜歡戴白手套？

192. 林先生大手術後換了一個人工心臟。病好了後，他的女友卻馬上提出分手，為什麼會這樣？

193. 妙手神偷把附近一些有錢人家的金銀珠寶偷得一乾二淨，為什麼唯獨一家既無防盜設備，也無保安人員的財主沒受到光顧？

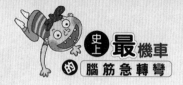
187 因為另一個人將帽子掛在他槍口上。

188 因為湯姆是色盲。

189 那是觀眾在拍蚊子。

190 因為商店裡沒有黑巧克力。

191 因為手太黑。

192 因為他沒有真心愛她。

193 因為那是他自己的家。

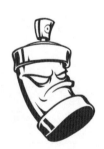

Question

194. 小王知道問題的答案卻不斷地追問別人，為什麼？

195. 一個人買了一雙皮鞋，但他付帳後沒能走出那家鞋店，為什麼？

196. 一天，毛毛爸爸身無分文，但是他把毛毛喜歡的東西帶回家了。這是為什麼呢？

197. 「咯咯！咯咯！」母雞為什麼叫呢？原來牠下蛋了。「做得很好！」公雞聽了，一邊誇獎母雞，一邊去參觀自己的勝利成果。這一看不要緊，公雞便氣勢洶洶地追趕母雞，聲稱要修理牠。為什麼？

198. 一個逃犯闖進了一位化妝師的家，逼著化妝師為他化妝，以便逃出這個城市。化妝很成功，連逃犯自己都沒認出自己，但逃犯一走到大街上就被抓住了，為什麼？

199. 打仗時拿破崙高喊：「衝啊！」為什麼他的士兵原地不動？

200. 可哥的爸爸是天文學家，但是有些星的知識卻掌握得遠不如可哥多，為什麼？

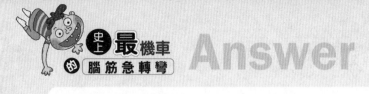

194 因為他是老師。

195 因為他是坐著輪椅出來的。

196 因為他爸爸是玩具店老闆。

197 因為母雞下了一個鴨蛋。

198 因為化妝師是照著另一個通緝犯的照片幫他化妝的。

199 因為他喊中文，法國士兵聽不懂。

200 因為可哥是個「追星族」。

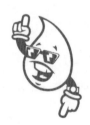

Top
Brain
Twisters

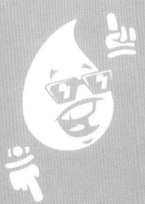

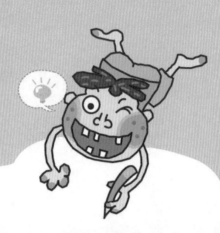

Part 2

異想天開的奇幻類

腦筋急轉彎的世界總是如此的豐富多彩而驚喜無限，只有想不到，沒有做不到，快走進這個異想天開的奇妙世界吧！

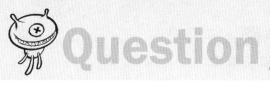
01. 老兵甲偷用了新兵乙的牙刷，新兵乙有肝炎，為什麼老兵甲卻沒有被傳染？

02. 為什麼金魚看上去老是傻乎乎的？

03. 君君的媽媽燙了頭髮回家，卻沒有人發現，為什麼？

04. 一頭兇猛的大獅子正餓得不行，可小明從它身邊走過卻平安無事，為什麼？

05. 大冰學曹沖用木船稱象，結果還是沒有稱出大象有多重，你猜為什麼？

06. 玲玲吃瓜子不吐殼，為什麼？

07. 某電影院正上映一部幽默動作喜劇片。奇怪的是，該劇男主角越是搞笑，台下觀眾越是悲傷落淚，這到底是怎麼回事呢？

08. 王老闆養了一些紅金魚和一些黑金魚，他發現紅金魚吃掉的魚食是黑金魚的兩倍，這是什麼原因？

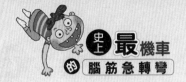
01 因為老兵甲是拿牙刷刷皮鞋。

02 因為牠腦袋裡灌水了。

03 因為家裡人都沒有回家。

04 因為獅子被關在籠子裡！

05 因為大象不肯上船。

06 因為她吃的是剝了殼的瓜子。

07 因為該電影正是為悼念過世的男主角而特別播出的紀念影片。

08 因為紅金魚的數量是黑金魚的兩倍。

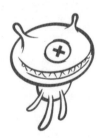

09. 一根棍子，要使它變短，但不許鋸斷、折斷或削短，該怎麼辦？

10. 一條繩子被一刀剪斷了，但它仍是一條完整的繩子。這是為什麼？

11. 大開在家裡，發現還未到下午五點鐘天就完全黑了，這是為什麼？

12. 張總經理對公司的會計婷婷說話時，為什麼總是要低下高傲的頭？

13. 為什麼有人說：世界上分配得最公平的東西是「良心」？

14. 外面下著傾盆大雨。有兩個大人共撐一把傘在街上轉來轉去走了半天，卻只有一個人弄濕了褲子，為什麼？

15. 小黃買了十條金魚放在魚缸裡，為什麼十分鐘後金魚全死了？

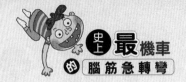
09 拿一根更長的放它旁邊。

10 因為這條繩子起初是結成圓圈形的。

11 因為鐘慢了。

12 因為張總經理個子高，婷婷個子矮。

13 你聽說過有人說自己沒有良心了嗎？

14 因為另一個人穿的是裙子。

15 因為魚缸裡沒放水。

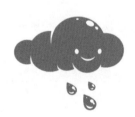

16. 上次燦燦過生日是九歲，下次他過生日是十歲，這是怎麼回事？

17. 有一天飛機失事墜落。A報紙報導人員全部死亡，只有一名乘客獲救；B報紙報導真是悲慘，只有飛行員一人生存。C看了報導後覺得很奇怪，就打電話至兩家報社詢問，但是兩家報社都沒有誤報。到底是怎麼一回事？

18. 小偉的媽媽知道小偉明年要去外國留學，為什麼從今天就開始因這件事睡不著覺了呢？

19. 小郭不會游泳，為什麼還敢到深水中去？

20. 小水骨瘦如柴，患有胃病，可是他每週要去兩次眼科醫院。請問這是為什麼？

21. 今天，賣報的三毛賣了一百份定價十元的報紙，但只收入幾塊錢，為什麼？

22. 娟娟與媽媽都在一個班裡上課，這是為什麼？

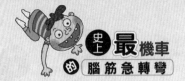

16　有上次，有下次，那麼這次呢？這次燦燦過九歲生日。

17　倖存的這位乘客其職業就是飛行員。

18　因為明天就是新的一年了，小偉明天就要出國了。

19　因為小郭坐著潛水艇。

20　他是個眼科醫生，他在眼科醫院每週出診兩次。

21　因為他賣的是舊報紙。

22　因為一個是學生，一個是老師。

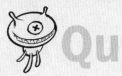
23. 小韓不小心把一枚硬幣吞進了肚子裡,他為什麼十年後才動手術取出來呢?

24. 為什麼胖子比瘦子怕熱?

25. 小麗屬於高度近視者。但是今天的視力檢查,她很有把握兩眼的檢查結果都是視力2.0,因為她把那個視力檢查表都背下來了。可是才剛開始檢查,她就出現錯誤。為什麼?當然視力表和她背的表是一樣的。

26. 小偉二十多年一直賣假貨,為什麼大家卻認為他是大好人?

27. 小鄭的數學成績很差,幾乎是人人都知道的,但還是有人找他算,為什麼?

28. 有一個眼睛瞎了的人,走到山崖邊上,突然停住了,然後往回走。這是為什麼?

29. 停電以後為什麼仍然可以看電視?

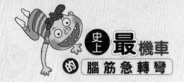

23 因為當時不急著用。

24 因為曬的面積大。

25 因為小麗看不到護士拿的指示棒指在什麼地方。

26 因為他賣的是假牙和假髮。

27 因為小鄭是占卜專家，人們找他來算命。

28 因為他只是瞎了一隻眼。

29 因為隨時都可以看到電視機。

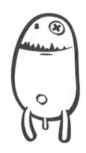

30. 佳佳的爸爸帶佳佳來找李醫生看病，李醫生並不詢問佳佳爸爸的意見就給佳佳動手術，為什麼李醫生敢這樣做？

31. 有位老人過生日，有人祝他長命百歲，為什麼老人馬上把他趕出去了？

32. 有一個人從十五層大樓的窗戶跳下去，可是他並沒有受傷，這是怎麼回事？

33. 一列從東駛來的火車穿過一個只有一條鐵軌的隧道繼續向西行駛，另一列火車則從相反的方向駛進同一隧道。這兩列火車都以最高速度行駛，但並沒有在隧道中相撞，為什麼呢？

34. 小項昨天花了整整一個晚上在語文課本上，可第二天媽媽還是罵她不用功，為什麼？

35. 瑞瑞看書的時候，為什麼不能把書籤放在一百七十五頁和一百七十六頁之間？

36. 某個星期六的晚上，老張在家讀一本有趣的書。他的妻子把電燈關了，儘管屋內漆黑一片，老張仍然手不釋卷，讀得津津有味，這是為什麼？

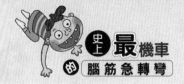

30 因為李醫生是佳佳的媽媽。

31 因為那老人這次過的是九十九歲生日。

32 雖然建築是十五層的大樓，但沒有說從哪一層的窗戶往下跳。可以從十五層大樓的第一層的窗戶往下跳，當然不會受傷。

33 因為這兩列火車在不同的時間通過隧道。

34 因為她用語文課本當枕頭睡。

35 因為一百七十五頁和一百七十六頁在同一張紙上。

36 因為老張是盲人，他讀的是盲文書。

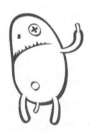

37. 媽媽對兩個唸大學的孩子說：「誰的成績最差，誰就天天掃地。」可是兩個孩子誰都不用掃地，你知道這是為什麼嗎？

38. 監獄裡關著兩名犯人，一天晚上犯人全都逃跑了，可是第二天看守員打開牢門一看，裡面還有一個犯人。為什麼？

39. 一個人蹚水過河，為什麼只濕了一隻腳？

40. 小孟是個很好的水電師傅，可他今天修好電路後燈卻不亮，這是為什麼？

41. 丈夫是家裡的頭，為什麼還得聽妻子的？

42. 小琴什麼家務事都不會做，脾氣又壞，爸爸媽媽為什麼還拼命催她結婚？

43. 一隻小豬跑了，主人拿一根棍子趕牠，院子很大，小豬卻撞死在樹上了，為什麼？

44. 有一艘船，什麼東西都不缺，也沒有損壞，卻不會走，這是為什麼？

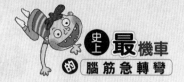

37 因為孩子的爸爸正在讀空大，成績比兩個孩子都差。

38 逃跑的犯人名字叫「全都」。

39 因為那人瘸了一條腿，他撐著腳架過河的。

40 因為今天停電。

41 因為妻子是脖子。

42 因為要嫁禍於人。

43 因為小豬不會急轉彎。

44 船沒有腳，當然不會走，只會航行。

Question

45. 一間牢房中關了兩個犯人，其中一個因偷竊要關一年，另一個是殺人犯，卻只關兩個星期，為什麼？

46. 娜娜走在路上，沒有任何燈光，也沒有月光，為什麼她還能看到遠處的東西？

47. 冉冉剛進小學學外語半個月，但是她能毫無困難地和韓國人講韓語，這是為什麼？

48. 兩對父子去餐廳吃飯，結果服務員只給他們三套餐具，這是為什麼？

49. 某賽車大賽的冠軍以往每次比賽都是倒數第一，這次卻一舉奪魁，請問為什麼？

50. 三個人共撐一把傘在街上走，卻沒有淋濕身體，為什麼？

51. 甲乙兩位仇人以喝毒酒決定生死，為什麼乙選中了沒毒的酒卻死了？

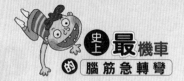

Answer

45 因為殺人犯兩個星期後執行死刑。

46 因為是在白天。

47 因為冉冉在韓國出生和長大。

48 因為是祖孫三人。

49 因為他的煞車壞了！

50 因為沒有下雨。

51 甲不服，把乙打死了。

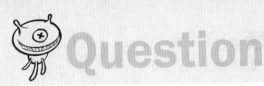

52. 一高一矮兩座房子，兩次洪水過後，為什麼矮房子只淹沒了一次？

53. 小松因工作需要常應酬交際，雖然每天都很早回家，可老婆還是抱怨不斷。為什麼？

54. 大志與父母頭一次出國旅行，由於語言不通，他的父母顯得不知所措。大志也絲毫不懂外語，他也不是聾啞人士，卻像在自己國家裡一樣從沒有感到絲毫不便，這是為什麼？

55. 李小華不慎滑倒掉進泳池裡，為什麼他的褲子卻沒有弄濕？

56. 一天，一個偷車賊在四處無人時看到一輛跑車，但他沒有偷。為什麼？

57. 蠍子和螃蟹玩猜拳，牠們玩了兩天兩夜，還是分不出勝負，你猜為什麼？

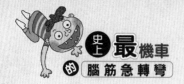

52 因為矮房子第一次淹沒後再沒露出水面。

53 因為小松是第二天早上才回家的。

54 因為大志是個還在吃奶的嬰兒。

55 因為泳池裡當時沒有水。

56 因為那輛車是他自己的。

57 因為牠們都只能出剪刀。

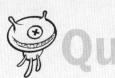

58. 自認是交際花的梅麗，決定在這年夏天找個最早向她求婚的男友成婚。可是直到這年秋天，朋友聽梅麗說，已經有人連續四十多次求她結婚，卻不見梅麗小姐有準備結婚的動作。這事聽來十分矛盾，而且梅麗小姐也從來沒有改變過結婚的決心。這到底是怎麼回事呢？

59. 一隻小鳥迷路了，飛進了一家迪斯可舞廳，突然掉了下來，請問發生了什麼事？

60. 小李是在下雨之前趕回家的，可是到家時頭髮卻濕了，這是怎麼回事？

61. 一個禿頭的人頭頂上只剩三根頭髮，有一天他要參加重要盛會，為什麼他還要忍痛拔掉其中一根頭髮呢？

62. 在大街上有一位四十多歲的女子，她既沒撐傘，也沒有戴帽子、穿雨衣，在傾盆大雨裡走了半個多小時，卻沒有淋濕頭髮。請問為什麼？

63. 一個黑人罪犯在員警的追捕下，慌忙逃到一家白人俱樂部裡，員警把那家俱樂部裡裡外外都找遍了，就是沒有找到那個罪犯，為什麼？

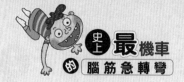
58 因為央求梅麗小姐結婚的，是她的爸媽而非男友。

59 舞廳聲音太大，小鳥用翅膀捂住了耳朵，結果掉下來了。

60 因為小李跑熱了，頭出汗了。

61 他要梳中分的髮型。

62 因為她是位尼姑，沒有頭髮。

63 因為罪犯嚇得臉色發白。

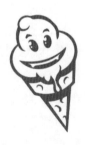

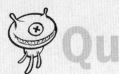

異想天開的奇幻類

64. 大政是一個心地善良的員警，有一次他竟然搶別人的東西，這是怎麼回事？

65. 在澳大利亞的一個農場裡，馬里安家裡自製了很多番茄汁。有一天他的小兒子約翰站在窗下，可是淘氣的哥哥湯姆卻把番茄汁朝弟弟的頭上倒下去了。番茄汁正好成一條線，落到約翰的頭上。馬里安先生急忙趕到窗戶邊一看，真奇怪！約翰的頭上一滴番茄汁也沒有，地上也沒有痕跡。請問，這是為什麼？

66. 一個家庭有五個孩子，其中一半是女孩，這是怎麼回事？

67. 夏季有三個月，冬季也有三個月，為什麼暑假卻要比寒假長？

68. 魏新新是某公司的上層主管，有一次怕趕不上公司的會議，她從車站一直跑到了公司。但不知為什麼，她突然站住不動了。目的地會議室就快要到了，她為什麼不跑了呢？她的身體沒什麼毛病，會議也照常進行，沒有中止。

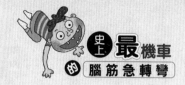

64 他搶了強盜的槍。

65 番茄汁流下來時，約翰朝上張開大嘴，把流下的番茄汁全部喝了。

66 另一半也是女孩。也就是說，五個孩子全都是女孩。

67 因為熱脹冷縮呀！

68 因為她進了電梯。在電梯裡面當然不能跑，在抵達目的樓層之前，再怎麼著急也只有忍著。

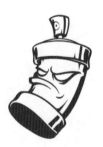

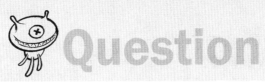

69. 錢冰開車，不小心撞上電線桿而發生車禍，員警到達時車上有個死人，錢冰說這與他無關，員警也相信了，為什麼？

70. 阿輝和小趙是同班同學，也是很好的朋友，還住在同一條街。他們每天一起上學，可是每天他們一出門就一個向左走，一個向右走，這是怎麼回事？

71. 某富翁的左右鄰居都養狗，一到晚上，這兩條狗就叫個不停。無法忍受這種折磨的富翁便出搬家費一百萬元，希望左右鄰居搬走。的確，兩個鄰居是連狗一起搬家了，但是一到夜晚，富翁還是能聽到完全相同的狗叫聲。這是為什麼？

72. 局長與科長共乘電梯，局長放屁後對科長說：「你放屁了！」科長說：「不是我放的…」不久，科長被免職，為什麼？

73. 唐僧第二次去西天取經，悟空建議坐飛機，八戒建議坐火箭，沙僧什麼都沒說，只拿出一把槍，你說為什麼？

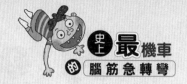
69 因為錢冰開的是靈車。

70 因為他們住對面，出了門當然一個向左、一個向右了。

71 左邊的鄰居搬到了右邊，右邊的鄰居搬到了左邊，他們只是交換了一下位置而已。

72 屁大的事你都擔待不起，要來何用。

73 一槍就能送人上西天。

男人都是騙子

剛失戀的母狼，覓食時路過一間小屋子。

聽到屋裡的男人教訓自己的孩子：「再哭，就把你扔出去餵狼！」

小孩在屋裡哭了一夜，母狼也在外面守了一整夜。

早上天亮了，又冷又餓的母狼哽咽地說：「男人……男人都是騙子！」

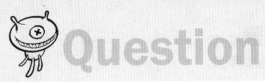

74. 小新向來為人謙虛，但是自從工作後就變得高高在上了，為什麼？

75. 兩隻蝌蚪在路上走，走著走著就被人偷了，為什麼？

76. 為什麼貓在七月到九月份抓不到老鼠？

77. 包公並沒有生活在熱帶地區，他的臉為什麼是黑的？

78. 為什麼兔子的眼睛總是紅的？

79. 身高兩百公分的虎子哥是全村最高的人。一天，村裡來了一位身高兩百二十公分的遊客，虎子哥看了自歎不如，對那名遊客說：「這可是我頭一次見到有人長得比我還高呢！」沒想到那位遊客很肯定地說：「不，你以前也一定見過。」那位遊客為什麼這麼說呢？

80. 從台北到倫敦，想想為什麼不要錢？

81. 佳佳在一間漆黑的屋子裡卻什麼都看得見，為什麼？

74 因為他是飛行員。

75 被當成珍珠奶茶的珍珠了。

76 因為七月到九月放暑假（鼠假）了。

77 因為包公臉上有月亮，月亮只在晚上出來。

78 和烏龜賽跑輸了，哭紅的。

79 因為虎子哥即使長得再高，他小時候也不可能比大人還高。

80 用腦袋想一想不用花錢。

81 佳佳是隻貓。

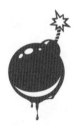

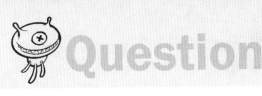
82. 一個人在漆黑的路上行走，沒有帶手電筒，也沒有帶打火機，卻看見五十公尺遠的地方有一個錢包，為什麼？

83. 小文和小鵬兩人為了一點小事打起架來，小文的頭髮被抓斷了幾十根，但小文一點也不覺得痛，請問為什麼？

84. 圓圓點了一份全熟的牛排，但是一刀切下去居然流出血來，為什麼？

85. 有些學生遇到難題就愛咬筆頭，你知道這是為什麼嗎？

86. 大彪養的豬在達到最重的時候，他卻不賣不宰，這是為什麼？

87. 強強在一所學校裡經常打人，卻成了學校的優秀生，這是怎麼一回事？

88. 天天在地上撿到一塊錢，帶到學校交給老師，老師問明情況後又把錢還給了天天。老師為什麼這樣做？

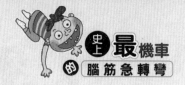

82 路漆黑不代表是夜晚，在白天不用任何工具都可以看見的。

83 小文是禿子，被抓斷的是他戴著的假髮。

84 因為不小心切到手了。

85 因為筆頭有墨水。

86 因為豬懷孕了，有了小豬當然不會賣。

87 強強是一所體育學校裡拳擊班的學生。

88 因為天天的錢是在家裡撿到的。

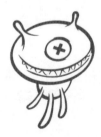

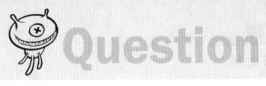
89. 理想小學有兩位同班同學的姓名完全一樣，老師每次點名，卻從來沒有把他倆混淆過，這是什麼緣故呢？

90. 英國學生約翰到中國學習漢語，他對老師說：「中國學生真勤奮。」你知道為什麼嗎？

91. 小明一邊走路一邊注視著自己的腳前方，可還是被一塊大石頭絆倒了，為什麼？

92. 某位作家剛剛推出了一本新書，很多人看過之後都說這本書不好看，為什麼還有那麼多的人買來看？

93. 家裡裝修，爸爸買回來一幅靜物畫掛在客廳牆上，可奶奶總說太貴，為什麼？

94. 一個剛剛拿到駕照的女孩沿著錯誤的方向來到一條單行道上，卻並沒有違規，這是為什麼？

95. 有個人得的並不是絕症，醫生為什麼說他無藥可救？

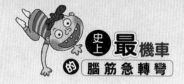

89 因為這兩位同學的名字中有一個字是破音字，寫出來時他們的姓名一樣，叫起來還是有分別的。

90 因為一路上他看見很多牌子，上面寫著「早點」。

91 因為他是倒著走的。

92 因為都想看看為什麼不好看。

93 因為果盤裡的水果畫得太少。

94 因為她是走著來的。

95 因為他沒錢買藥。

96. 小李當了很多年的司機了，可他開車遇見交叉道還總是忘記停車，為什麼？

97. 阿羅買了一張彩券，中了頭獎，他立即去領獎，卻沒領到，為什麼？

98. 兔子和烏龜進行第三次龜兔賽跑，兔子沒有睡覺，終點也不在水裡，為什麼還是輸了？

99. 一個人在參觀侏羅紀公園時被恐龍一口咬住，又嚼了好幾下，為什麼沒有受傷？

100. 為什麼哈里每次出門都會掉錢？

101. 為什麼現代人越來越言而無信？

102. 媽媽的戒指掉進一個盛滿咖啡的杯子，卻沒有被弄濕，為什麼？

103. 在還沒乾的水泥地上騎車，你敢嗎？

104. 有一個人丟了頭毛驢卻不去找，反而不停地說「謝天謝地」，為什麼？

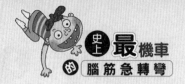
96　因為他原來是火車司機。

97　因為還沒到兌獎時間。

98　因為這次比賽的是一隻忍者龜。

99　因為剛好塞在恐龍的牙縫裡了。

100　因為他出門總是帶著錢。

101　因為現在都該用電話了。

102　因為杯子裡裝的是咖啡豆。

103　敢啊，沾點水怕什麼。

104　幸好自己沒有騎在這頭毛驢上，要不然連自己都
　　丟了。

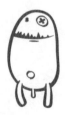

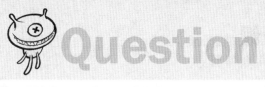

105. 大象為什麼有那麼長的鼻子？

106. 小海看相聲表演為什麼從來都不笑？

107. 小張說的相聲大家都喜歡聽，為什麼他有時說話還要付錢？

108. 阿強在經歷了一場激烈的槍戰過後，身中數彈，鮮血滿身，然而他仍能精神百倍地回家吃飯，為什麼？

109. 一個人請人畫十二生肖像，最後只剩下蛇沒畫，畫師怎麼也不肯畫了，為什麼？

110. 好心腸的約翰去世了，天使決定要帶他上天堂，為什麼他堅決不肯去？

111. 奶奶為什麼覺得小孫子比林肯還聰明？

112. 軍軍寫了一篇題為《搶救親人》的文章，老師問他為什麼一個標點符號都沒有，你猜為什麼？

113. 為什麼有人故意把頭髮剃光？

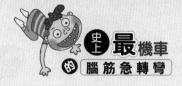

105 因為牠愛撒謊。

106 因為小海雙耳失聰。

107 因為他在打電話。

108 因為阿強在拍電影。

109 因為他怕畫蛇添足。

110 因為約翰有懼高症。

111 孫子八歲就會唸總統演講詞，林肯五十多歲才會。

112 這麼急的事怎麼能停頓。

113 是想讓別人覺得他聰明絕頂。

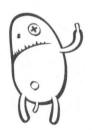

Question

114. 戰場上，一個士兵遠遠看見敵人衝上來了，為什麼不開槍？

115. 吐舌頭是非常不禮貌的行為，小美為什麼一天到晚吐舌頭？

116. 大家在一起討論哪個國家汽車最多，小林堅持說是俄羅斯，你猜為什麼？

117. 大胖有個絕招，可以睜著眼睛睡覺，可是政治課上他才睡了一會兒就被老師發現了，為什麼？

118. 一隻鳥窩裡原本有三顆蛋，既沒有被蛇偷了，也沒有被大風刮掉在地上，為什麼都不見了？

119. 動物學家為什麼把老虎列為貓科動物？

120. 一年四季，為什麼要有那麼多陰天？

121. 小華的數學作業只得了三十分，爸爸知道了卻沒有罵他，為什麼？

122. 父母為什麼愛買糖給孩子吃？

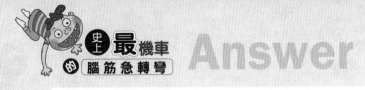

114 因為他是炮兵。

115 因為小美是條狗。

116 因為俄羅斯斯基（司機）多。

117 因為他打呼了。

118 變成小鳥飛走了。

119 想殺殺老虎的威風。

120 因為太陽累了，它要放假。

121 因為作業是爸爸教他做的。

122 因為父母希望孩子的嘴甜一點。

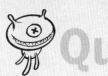

123. 教官對一列新兵訓話道：「你們知不知道人人都叫我『老虎』？如果你們敢不認真訓練，你們就會知道『老虎』的厲害。」然後他讓每個士兵報上名來，卻有一名士兵不敢告訴教官他的名字，你猜為什麼？

124. 小明的身上和臉上經常出血，卻不去看醫生，為什麼？

125. 為什麼有人喜歡把人生比做舞台？

126. 一位先生，從單身到結婚再到生孩子，給乞丐的錢越來越少，乞丐為此大為惱火，為什麼？

127. 語文老師常常用曉峰的作文作為例子給學生練習，可是曉峰一點也不高興，為什麼？

128. 老張靠女人吃飯還洋洋得意受人尊重，為什麼？

129. 有一個人總在嚼東西，卻總也嚼不爛，為什麼？

130. 老張平時不愛穿戴，但他對各式各樣的衣服十分感興趣，為什麼？

123 這名士兵名叫「武松」。

124 被蚊子咬出血了。

125 因為他們想當明星。

126 這不是拿乞丐的錢去養活家人嗎？

127 因為老師用曉峰的作文給學生練習改正句子。

128 因為他是婦產科醫生。

129 是嚼舌根的長舌婦。

130 因為他是服裝廠老闆。

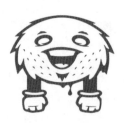

Question

131. 上吊是很痛苦的方式,可為什麼想自殺的人通常都會選擇上吊?

132. 人為什麼總是往前走?

133. 天為什麼有時會下雨?

134. 為什麼一家鼎鼎大名的大飯店的菜單上沒有湯?

135. 為什麼男人和女人會分手?

136. 為什麼時鐘上的秒針比分針細?

137. 老張不是畫家,為什麼他的作品卻掛在畫展最顯眼的地方?

138. 為什麼長頸鹿的脖子那麼長?

139. 王先生的皮帶突然斷了,他的褲子又鬆又大,也沒有任何東西綁著或吊著,整個上午,褲子卻沒有掉下來,為什麼?

140. 大明為什麼在這塊平坦的空地上無法找到掉下的一元硬幣呢?

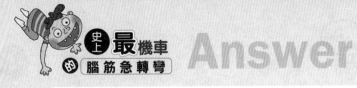

131 因為他們想要升天。

132 因為後面沒長眼睛。

133 因為地球渴了。

134 因為菜單上只有字。

135 因為男女有「別」。

136 因為秒針總是跑得比分針又多又快,所以瘦了。

137 他的作品是「公廁,右轉」。

138 因為牠的頭那麼高,所以要用那麼長的脖子去接起來。

139 因為他整個上午都穿著這條褲子睡覺。

140 因為這枚硬幣黏在他的鞋底上。

141. 有一隻餓極了的老鷹見地上有一隻羊，卻向上飛去，為什麼？

142. 吃晚飯的時候大明打死了一隻蒼蠅，為什麼他卻因這件事變得不高興？

143. 任何車輛要駛過高速公路都必須去收費站先付四十元過路費，為什麼有一輛小汽車經過這條高速公路卻不用付一塊錢呢？

144. 阿明乘坐汽車旅行時出車禍受了重傷，為什麼他仍堅持認為坐飛機一點也不比坐汽車安全？

145. 一位準備接受手術的患者對醫生說：「這是我第一次動手術，很緊張！」為什麼醫生表示能夠理解他的心情？

146. 直升機在海拔一千公尺高的空中盤旋，一個人從直升機上跳下來，沒有帶降落傘卻沒有受傷，為什麼？

147. 為什麼威爾遜騎摩托車撞到了行人要說「先生，你真走運」？

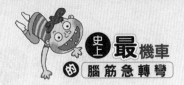
141 當時老鷹正在一個斜坡的低處，羊則在斜坡的高處，所以牠要向上飛。

142 因為他把蒼蠅打落在湯碗裡。

143 因為該小汽車是被一輛大汽車載著過去的，只需付大汽車的過路費就可以通過。

144 因為這次車禍的原因是飛機失事墜落擊中了汽車。

145 因為這位醫生也是第一次動手術。

146 因為那人跳落的地方是海拔九百九十九公尺。

147 因為威爾遜平時開的是大卡車。

148. 一個小偷在行竊時被人發現,慌忙之中,他迅速從六樓的窗戶橫向跳入相距只有一公尺的相鄰的樓頂上,不料卻摔死了。如此短距離跨越不可能失敗,這究竟是什麼原因呢?

149. 為什麼壞人坐車不用給錢呢?

150. 有一艘紙船卻比一艘鐵船還貴,為什麼?

151. 一個胖子和一個瘦子一起跳樓,誰先到達地面?

152. 小美把鉛筆盒掉在地上,鉛筆、鋼筆、尺、橡皮擦掉了一地,先撿什麼好呢?

153. 兩個員警一起追捕一個殺人犯,一個騎馬、一個騎摩托車,你猜誰先追到罪犯?

154. 媽媽和兒子在花園散步,兒子看到螞蟻就蹲下來觀察,媽媽忽然想考一下兒子的英語,就問他:「螞蟻怎麼說?」兒子會怎麼回答?

155. 非洲食人族的酋長平時吃人肉,可有一天他病了,醫生囑咐他要吃素,那麼他會吃什麼?

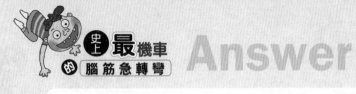
148 兩棟樓雖然相距只有一公尺，但是相鄰的這棟樓的高度卻只有三層。這樣，小偷從窗戶跳出後就摔死了。

149 因為他坐的是警車。

150 因為那紙船是用一張一千元紙幣摺成的，鐵船是玩具船。

151 圍觀的群眾先到達。

152 先撿鉛筆盒，才好把其他東西裝進去。

153 子彈先到。

154 兒子回答道：「螞蟻什麼也沒有說。」

155 植物人。

156. 要把一個大湖蓋住，用什麼方法最好？

157. 「kiss」是名詞、動詞還是形容詞？

158. 老王的額頭上有個「王」字紋，他最好要小心什麼事情？

159. 阿呆在客戶面前罵總經理是笨蛋，結果阿呆被開除了，理由是什麼？

160. 小美晚上失眠，於是數綿羊來幫助入睡，可數著數著就驚醒了，你猜發生了什麼事？

161. 青蛙能跳得比桌子高，你相信嗎？

162. 你能用頭頂住一個足球，一個小時都不讓它去掉下來嗎？

163. 小明把一張白紙上的灰塵都抖乾淨了，白紙上還有東西嗎？

164. 小明家有一隻白貓和一隻黑貓，你知道哪一隻不喜歡捉老鼠？

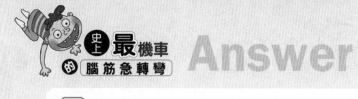

156 等冬天湖水結冰的時候。

157 都不是，是連接詞。

158 不要留「八」字鬍鬚。

159 阿呆洩漏了公司的最高機密。

160 一隻披著羊皮的狼混了進來。

161 相信，因為桌子根本不可能跳，青蛙即使跳一點點高也比桌子能跳。

162 把氣放掉再頂。

163 有指紋。

164 懶的那一隻。

Question

異想天開的奇幻類

165. 什麼地方傳授增胖祕訣？

166. 啞巴給人的第一印象是什麼？

167. 西班牙和葡萄牙之間隔著一個什麼國家？

168. 有一個雕刻家獲得了一些石料。第一天，這些石料是長方形的；第二天，他把這些石料弄成了正方形；第三天，他又把這些石料弄成了圓柱形。但是在整個過程中，他並沒有對這些石料進行雕刻和切割。那麼，他是怎麼做的呢？

169. 在哪裡打仗只有受傷沒有陣亡？

170. 在炎熱的夏天，小蔡被關在監獄中過了一夜，請問第二天他會怎樣？

171. 怎麼解釋「心有餘而力不足」這句話呢？

172. 有一天綠豆從很高的樓梯上跳了下來，流了很多血，會變成什麼樣？

（109）

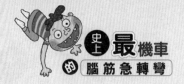

Answer

165 廚師培訓班。

166 深沉。

167 隔著「舌頭國」。

168 他的石料是粉末，形狀的變化只是和裝石料的容器形狀有關。

169 在軍棋棋盤上。

170 小蔡瘦了，因為菜（蔡）餿（瘦）了。

171 知道意思，但不會解釋。

172 會變成紅豆。

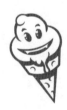

173. 這是位英俊的年輕人,從他一進餐廳,服務生艾米莉就對他產生了興趣。在年輕人結帳的時候,艾米莉總算找到了機會接近他。讓艾米莉更興奮的是,她發現年輕人在帳單的背面畫了一個三角形。在三角形的底下,他還寫了一個算式19×2=38,這當然與帳單無關。艾米莉對著年輕人甜甜一笑道:「我看你是個水手。」艾米莉怎麼會知道他是水手呢?

174. 諸葛亮發明了木牛流馬,這種牛沒有了頭會怎樣呢?

175. 有兩個人,一個面朝南一個面朝北地站著,不准回頭,不准走動,不准照鏡子,問他們能否看到對方的臉?

176. 真金不怕火煉,它怕什麼?

177. 在台北生活的人,是否可以埋葬在台中呢?

178. 在餐廳中吃完飯後才發現沒帶錢,怎麼辦?

179. 有兩隻狗賽跑,甲跑得快,乙跑得慢,跑到終點時那隻狗出汗多?

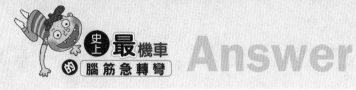

173 因為這位年輕人穿著水手制服。

174 變成「午」。

175 當然能，他們是面對面站著。

176 怕偷。

177 活人是不可以被埋葬的。

178 刷卡。

179 狗不會出汗。

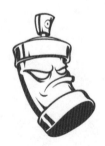

Question

180. 如果你身上有三十元，女朋友身上有十元，她要你證明你愛她，你該怎麼辦？

181. 小紅說她中秋節低頭看月亮，她能看得見嗎？

182. 飛機只要始終朝著一個方向飛就能飛到原地嗎？

183. 桌子上有大小兩個硬幣，如何在不挪動小硬幣的情況下讓大硬幣位於小硬幣的下方？

184. 騎馬的狩獵者是怎麼走路的？

185. 人的記憶力會隨著年齡和健康狀況的改變和變化，你知道人在什麼時候記憶力最好嗎？

186. 蘿拉和麥克的汽車裡各剩下可以行駛兩公里的油，他們距離最近的加油站還有三公里，他們既不能將一輛車裡的油弄到另一輛車裡，也沒有其他辦法可以弄到汽油，他們怎樣才能驅車到加油站加油呢？

187. 小明在一張告示前觀看，頭卻被撞了一個大包，你知道告示上寫的是什麼嗎？

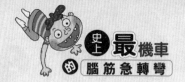

180 把三十元拿出來,再找女朋友借十元,四十(事實)擺在眼前。

181 能,她看月亮在水中的倒影。

182 不一定,飛機朝正南或正北分就不能回到原地,過了北極或南極方向就會改變。

183 把大硬幣放在桌子的下面。

184 用馬步。

185 當別人欠自己錢的時候。

186 先由一輛車拉著另一輛車前進,用完了再換過來。

187 「小心,門向外開。」

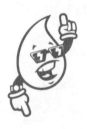

Question

188. 超人衣服上的「S」標誌是什麼意思？

189. 如果政府提倡素食主義，將對誰的健康和長壽有好處？

190. 小胖有一個蘋果，怎樣能變成兩個蘋果？

191. 除了多加練習之外，怎樣才能跑得更快？

192. 騎著到處都響的破自行車外出的好處是什麼？

193. 孤獨的裁縫是什麼意思？

194. 一個人需要多長時間才能變老？

195. 阿林去哪兒了？阿林和爺爺在打球，阿林突然一個人跑到樹林裡去了，很久都沒回來，他在幹什麼？

196. 除了染髮以外，用什麼辦法可以徹底防止白髮？

197. 如果用牙齒使勁咬十個手指，哪個手指比較不疼？

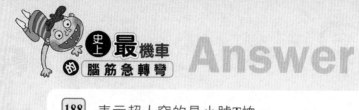

188 表示超人穿的是小號T恤。

189 動物。

190 拿著蘋果照鏡子。

191 腳底抹油。

192 不用按鈴。

193 獨裁。

194 幾分鐘，化妝就行。

195 他在撿球。

196 剃光頭。

197 別人的手指不疼。

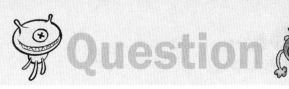

198. 冗長乏味的演講有什麼好處？

199. 世界上什麼地方黑暗到只有壞人沒有一個好人？

200. 你知道全國有多少個廁所嗎？

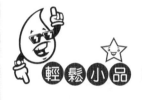

輕鬆小品 　**本能反應**

　　布朗夫婦同他們的孩子們住在倫敦附近的一所小房子裡，有時布朗先生下班回家很晚，當他的妻子和孩子們睡著時，他就用自己的鑰匙打開房子的前門，悄悄地走進屋子。

　　有一天夜晚，當他很晚回家時，卻把鑰匙丟了，於是他只好按門鈴，可是屋內沒有動靜。他再次按鈴，房內仍然沒有動靜。布朗先生只好敲打臥室的窗戶，向他妻子大聲叫喊，她也沒醒。

　　最後他停下來，想了片刻，然後像小孩似的說：「媽媽！我要上廁所！」他說得很輕，不過布朗太太馬上醒了。

198 治療失眠。

199 地獄。

200 兩個，男廁所和女廁所。

你需要一台電視機

　　一位老姑娘來到婚姻介紹所，對工作人員說：「我感到太寂寞了！我有遺產，什麼都不缺，只少一個丈夫，你能幫我介紹一個嗎？」

　　工作人員：「妳能談談條件嗎？」

　　老姑娘：「他必須是討人喜歡，有教養，懂禮儀，能說會道，愛說愛笑，喜歡運動，最好還能歌善舞，趣味廣泛，消息靈通，當然最重要的是我希望他能整天在家裡陪我，我想和他說話，他就開口；我感到厭煩了，他就別出聲。」

　　「我懂了，小姐，」工作人員耐心地對她說，「妳需要的是一台電視機。」

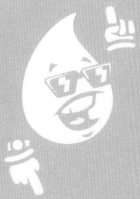

Top
Brain
Twisters

足智多謀的科學類

面對這些古怪刁鑽的問題，你一定會緊鎖眉頭、百思不得其解！但建議你換個角度去思考，也許就會柳暗花明。趕快來開動腦筋，你也會變得像聰明的一休一樣足智多謀！

Question

01. 有個人在路上撿到八百元，有人問他：「你快樂嗎？」他說：「我不快樂。」五分鐘之後，他又撿到一百元，於是再問他：「你快樂嗎？」這次他回答：「我很快樂！」這是怎麼一回事？

02. 為什麼人們練太極拳時常常要抬起一隻腳？

03. 某歌星每次上台演出，總是戴著一隻手套，這為什麼？

04. 小吉寄了一封郵件，卻沒用信封和郵票，這是怎麼回事？

05. 倩倩問爸爸一個問題，爸爸很煩，倩倩生氣地打破了沙鍋，為什麼？

06. 麥麥才十歲，為什麼經常掉頭髮？

07. 一個手無寸鐵的人進了獅子籠，為什麼平安無事？

08. 印度人為什麼用手抓飯吃？

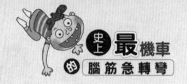
01 因為那個人掉了九百元，剛才一直找不到那最後的一百元，都快急死了，哪還有時間快樂！

02 因為抬起兩隻腳就站不住了。

03 因為他總想露一手。

04 因為小吉發的是電子郵件。

05 因為只有打破沙鍋才能問到底啊。

06 因為他經常去理髮。

07 因為獅子籠是空的。

08 因為手比腳乾淨。

Question

09. 在一次監察嚴密的考試中，有兩個學生交了一模一樣的考卷。主考官發現後，卻並沒有認為他們作弊，這是什麼原因？

10. 一天，有兩人在馬路上走著，一人說「你看前面有輛車」另一個人卻說「沒車」。為什麼？

11. 一個學生住在學校，為什麼上學還經常遲到？

12. 為什麼拔一顆牙齒需要十個醫生？

13. 為什麼先看見打閃後聽見打雷？

14. 為什麼人要拿頭撞豆腐？

15. 小偉的書包裡藏著一個鴨蛋，他為什麼不肯拿出來交給媽媽做菜？

16. 人為什麼喜歡往上爬？

17. 為什麼拿破崙的字典裡沒有一個難字？

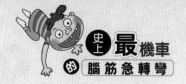

09 因為他們都交的白卷。

10 因為那是一輛煤車。

11 因為她家所在的學校不是她上學的學校。

12 因為要拔牙的是頭大象。

13 因為眼睛長在前面。

14 因為豆腐不會撞頭。

15 因為那是考卷上的「大鴨蛋」。

16 因為人是猴子變的。

17 因為他用的是法文字典，當然沒有「難」字。

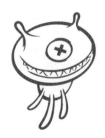

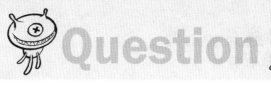

18. 有一個人走在沙灘上，回頭卻看不見自己的腳印，這是怎麼回事？

19. 天上下的雨裡不是鹹的，那海水為什麼是鹹的？

20. 熊為什麼冬眠時會睡這麼久？

21. 森林中有十隻鳥，小明開槍打死了一隻，其他九隻卻都沒有飛走，為什麼？

22. 為什麼離婚的人越來越多？

23. 為什麼儀隊要繫白皮帶？

24. 小東上課睡覺，老師卻不罵他，為什麼？

25. 下雨了，大家都急著回家，可有一個人卻徐徐地走著（他沒撐雨傘）。有人問他為什麼不趕緊回家，他說了一句話，使那人暈了過去，請問他說了什麼話？

26. 為什麼馬可以吃象？

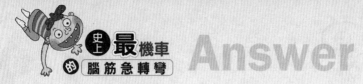

18 因為他倒著走。

19 因為魚流的淚太多了。

20 因為沒人敢叫牠起床。

21 因為那是九隻鴕鳥。

22 因為結婚的人越來越多。

23 因為不繫皮帶褲子會掉下來。

24 因為老師沒看見。

25 「急什麼，前面還不是有雨！」

26 因為是在下象棋。

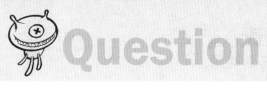
27. 長跑比賽開始以後，運動員之間的距離越拉越遠，其中最慢的一個人卻最先到達終點，這是為什麼？

28. 有一輛小汽車從橋上衝進河裡，開車的人卻沒有受傷，為什麼？

29. 王子吻了睡美人，為什麼睡美人沒有醒來？

30. 小花站起來跟飯桌一樣高，兩年之後，仍能在桌子底下活動自如，這是為什麼？

31. 有一個老太太上了公共汽車。為什麼沒有人讓座？

32. 小麗夜裡一個人睡覺時，肚子突然被人踢了一下。她醒來後，不但不驚訝喊痛，反而露出微笑。這究竟是為什麼呢？

33. 一隻小鳥在樹上拉了一點屎，滴到了小麗的頭上，小麗沒有洗頭擦頭，頭卻不髒了，為什麼？

34. 足球賽剛剛開始，大家就知道了比分，這是為什麼？

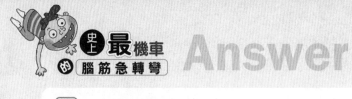

27 因為跑道是圓的。

28 因為那是一輛遙控小汽車。

29 因為睡美人賴床了。

30 因為小花是條狗。

31 因為車上還有空位。

32 因為小麗是孕婦，夜裡是肚子裡面的小寶寶在踢她。

33 因為她把沾到屎的頭髮剪掉了。

34 因為開始時比分為零比零。

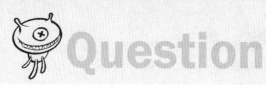
35. 一個班的傘兵訓練跳傘，班長說跳出機艙後數到三十才能拉傘，結果其他人都平安落地，只有一個人不幸身亡，為什麼？

36. 老周一邊走路一邊想：「如果我能夠整天都和女人在一起，那該多好！」沒有多久，他就美夢成真了。你知道是怎麼一回事嗎？

37. 有什麼病的人不用看醫生？

38. 一個人被從幾千公尺高空掉下來的東西砸在頭上，為什麼沒有受傷？

39. 老陳是一位出色的小說家，為什麼有一次他連續寫了一個月，卻連一篇小說的題目都沒寫出來？

40. 為什麼君君說老師的語文不如他？

41. 有一群人花了九牛二虎之力才造好一艘船，卻不讓這船下水，為什麼？

42. 上尉為何在訓練新兵時讓高大的站在前面，矮小的站在後面？

35 因為那個人口吃。

36 他走路心不在焉，終於出車禍住院了。現在，老周每天都有護士圍繞在身邊。

37 壞毛病。

38 因為掉下來的是雪花，當然不可能受傷。

39 因為這一個月他寫的是散文。

40 因為老師寫的字他認識，他寫的字老師卻不認識。

41 因為那是一艘太空船。

42 因為上尉入伍前是擺水果攤的。

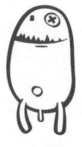

43. 有一位失眠者對醫生說：「我晚上睡不著覺，怎麼辦？」醫生對他說：「你從一數到一百，一直這樣數下去，就能睡著。」可是失眠者說：「這是絕對不行的。」為什麼？

44. 王軍是一名優秀士兵。一天，他在站哨值勤時，看到有敵人悄悄向他摸過來，為什麼他卻睜一隻眼閉一隻眼呢？

45. 小曹去參加講笑話比賽，一路上小明一直用冰塊敷嘴巴，為什麼？

46. 悠悠生了病，天天要打針。她怕痛，每次打針，都說屁股好痛好痛。這一天，媽媽又陪她去打針，這次她卻說，屁股一點兒也不痛。這是為什麼呢？

47. 小周並沒有背降落傘就從離地面五千公尺的地方往下跳，卻安然無恙，這是怎麼回事？

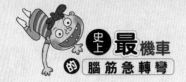
43 因為失眠者是拳擊運動員，數到八一定要起來。

44 因為他正在用槍瞄準。

45 因為怕到時笑話不新鮮。

46 因為這一次針是打在手臂上的。

47 他從飛機椅子上跳下，人仍然在飛機上。

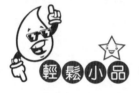

牧師收費

　　婚禮剛結束，新郎邊從口袋裡掏錢邊問牧師：「我需要付多少錢？」

　　「在這類服務中，我們一般不收費。」牧師回答，「但是你可以按你妻子的漂亮程度付錢。」於是，新郎遞給牧師一張一美元的鈔票。

　　牧師掀起新娘的面紗看了看，然後把手伸進自己的口袋裡說：「我找你50美分。」

Question

48. 有個歹徒成功地綁架了某公司老總，並將其單獨關在一間牢房內。地牢只有一個入口，且入口處二十四小時均有人監視，並無人進出。但是到了第二天，地牢內除了老總以外，還有一名男人關在裡面。請問那個男人是如何進去的？

49. 為什麼陸地上走獸的耳朵大多長在頭頂上，而人不是這樣？

50. 小馬在藏書豐富的某圖書館裡，怎麼也找不到宋版《康熙字典》。這是為什麼？

51. 青青沒有病也經常去看醫生，為什麼？

52. 外國人為什麼要到中國來遊長城？

53. 一個人躺在旅館的床上翻來覆去無法入睡，他起身給隔壁房間打了個電話，什麼也沒說，然後掛了電話就睡著了，這是怎麼回事呢？

54. 為什麼結婚的人都要拍結婚照？

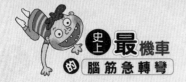
48 被關在地牢的是懷孕的女老總，她生下了一名男嬰。

49 因為人要戴帽子，而動物不戴帽子。

50 因為《康熙字典》清朝才出版。

51 她經常去看當醫生的男朋友。

52 因為長城在中國。

53 他住在旅館裡，不能入睡是因為隔壁房間的人鼾聲如雷。他打電話吵醒了打鼾的人，所以他就能入睡了。

54 因為一拍即合。

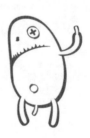

55. 小白手拿一個柳丁往窗外拋,途中那個柳丁沒有接觸到任何物體,穿過窗子後又回到小白的手中,請問這是為什麼?

56. 小安正在看電視。他的電視機似乎有故障了,有影像卻沒有聲音。但是,電視節目裡的人物說話的內容,他都一清二楚。他以前並沒有看過這個節目,當然也不會讀唇術,節目中也沒有手語翻譯。為什麼他會知道呢?

57. 兩個饅頭結婚,但結婚那天,新郎找不到新娘了,為什麼?

58. 天上沒有下雨,平房的屋頂卻漏水了,為什麼?

59. 外面很冷,為什麼不關上窗子?

60. 為什麼帽子要翻個面再戴?

61. 老張一直失眠,每晚都要吃安眠藥才能入睡,可是最近一陣子他不吃安眠藥也睡得很沉,為什麼?

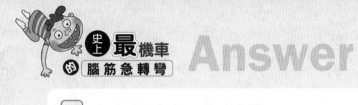
55 因為小白把柳丁往天窗拋。

56 因為那是一部有字幕的外國片。

57 新娘燙了頭，變成了花卷。

58 因為下雪了。

59 因為關上窗子，外面也不會暖和。

60 因為張冠李戴（髒冠裡戴）。

61 他長眠了。

Question

62. 娜娜用錘子捶很細小的釘子，卻不怕捶到自己的手，為什麼？

63. 不懂音樂的小明在聽了老師彈了一首貝多芬的曲子後，竟然知道老師彈的是什麼，為什麼？

64. 一個口齒伶俐的人，為什麼只看著你微笑，卻怎麼也講不出話來？

65. 傑克為什麼說他的家是湊起來的？

66. 麥克每天晚上都夢見貓要吃他，他又不是老鼠，為什麼？

67. 有隻小北極熊早上醒來後一直追問媽媽，牠到底是不是一隻北極熊，牠媽媽回答：「你是北極熊。」小北極熊還是不相信，為什麼？

68. 小琳請男歌星簽名，男歌星硬是不肯，為什麼？

69. 于太太整天聊八卦，一點兒重活也不幹，為什麼人們還叫她「搬運工」？

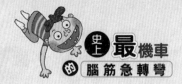

62　因為釘子在別人手裡拿著。

63　老師彈的是鋼琴。

64　因為那人在照片上。

65　因為爸爸和媽媽原來生活在不同的地方。

66　因為他白天在迪士尼樂園扮演米老鼠。

67　因為他覺得冷。

68　小琳要他簽在戶口名簿的配偶欄裡。

69　因為她整天搬弄是非。

70. 小美每天晚上睡覺都要出去夢遊，她丈夫卻不帶她去看醫生，為什麼？

71. 小剛站在一座橋上，為什麼橋下沒有水也沒有船？

72. 從軍十八年的花木蘭換上女裝後，為什麼令昔日的袍澤大感驚訝？

73. 為什麼現在地球上的猴子越來越少了？

74. 小明總是馬馬虎虎，他同時寫了十封信，裝完信封他檢查了一下，發現有一封信裝錯了，爸爸說他又馬虎了，為什麼？

75. 大力水手吃了一罐菠菜，為什麼沒有變成大力士？

76. 為什麼十歲的叮噹聽到隔壁的阿姨都叫他「伯伯」，卻一點也不生氣？

77. 一到月圓之夜，全世界的鬼魂都聚集在一起開狂歡大會，偏偏只有狼人沒有到，為什麼？

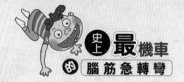

70 因為小美每次夢遊都會帶回來兩千元。

71 因為他站在天橋上。

72 他們覺得花木蘭還是穿男裝好看。

73 都變成人了。

74 因為如果裝錯了，肯定同時錯兩封，不可能只錯一封，檢查時小明又馬虎了。

75 因為他拿的是嬰兒食品。

76 因為他是阿拉伯人。

77 因為狼人是妖怪不是鬼。

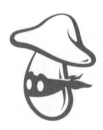

78. 為什麼越有錢的人死了，棺材都越大？

79. 小王開診所，生意一直不是很如意，一天他的診所突然車水馬龍排了一大堆人，為什麼？

80. 小龍的爸爸看到小龍書包裡塞滿了鈔票，卻視若無睹，為什麼？

81. 剛唸幼稚園的皮皮才學英文一個月卻能毫無困難地和外國人交談，為什麼？

82. 一隻羊碰到一隻老虎，非但不怕，而且還把那隻老虎給吃了，這是怎麼回事？

83. 小明在圖畫課上交了一張全部塗黑的圖畫，為什麼老師還是算他及格？

84. 一隻田鼠在挖洞時並沒有在洞口四周留下泥堆，為什麼？

85. 芳芳吃牛肉麵，為何不見任何牛肉？

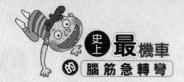

78 因為翻身比較方便。

79 因為他在診所門口貼了「今日就診三折」。

80 因為那是兒童玩具鈔票。

81 因為外國人用國語與他交談。

82 因為那是隻紙老虎。

83 因為小明畫的是一個黑人在半夜裡抓烏鴉。

84 因為牠在挖出口。

85 因為她吃的是牛肉口味的泡麵。

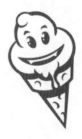

86. 失意的湯姆毅然決然地跳入河中，他不會游泳，也沒有淹死，為什麼？

87. 某明星被人用雞蛋襲擊，為什麼沒有哭鬧？

88. 小陳週末去看電影，到了電影院，卻看不到半個人，為什麼？

89. 一隻餓貓從一隻胖老鼠身旁走過，為什麼那隻饑餓的老貓竟無動於衷地繼續走牠的路，連看都沒看這隻老鼠？

90. 烏龜為什麼會突然「一個頭兩個大」咧？

91. 期末考試，小胖一題都不會做，但他突然眼睛一亮，開始奮筆疾書，為什麼？

92. 小明的眼睛近視度很深，戴了眼鏡卻仍然模糊，為什麼？

93. 為什麼十歲的小明能一隻手讓行駛中的汽車停下來？

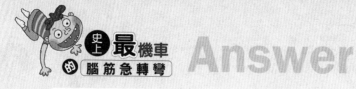

86 因為他是墜入愛河。

87 因為天有不測風雲，人有蛋襲獲福（旦夕禍福）。

88 因為人都是一個一個的，沒有半個。

89 是瞎貓遇到死耗子。

90 烏龜也正在想這個問題。

91 他在寫班級、學號、姓名。

92 因為他戴了沒有鏡片的裝飾眼鏡。

93 因為車子是計程車。

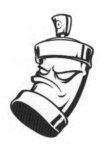

94. 探險家小李愛獨自一人到野外露營，夜間離開帳篷時總要用兩個手電筒，是為什麼？

95. 小李早上到醫院打了六針，為什麼只有打第一針的時候才覺得痛？

96. 一個獵人去森林裡打獵，遇到一隻大猩猩，他拿出箭來，朝大猩猩射去，第一支箭被大猩猩用手接住了，第二支被牠用嘴接住了，第三支被牠用另一隻手接住了，可後來大猩猩還是死了，為什麼？

97. 一幢大樓失火，大家都往樓下跑，卻有一個人往上跑，這是怎麼回事？

98. 為什麼很多人明明知道抽菸有害健康還要不停地抽菸？

99. 佳佳早上起來發現屋子裡躺著很多屍體，卻一點也不害怕，這是為什麼？

100. 鉛筆筆芯為什麼都那麼細？

94 一個拿在手裡，另一個留在帳篷那裡做標記。

95 因為第一針打的是麻醉針。

96 因為大猩猩有拍胸脯的習慣，接住了獵人的三支箭，一高興就拍胸脯，被手裡的箭刺死了。

97 因為這人住在地下室。

98 因為他們想讓別人知道抽煙的壞處。

99 因為昨晚睡覺前噴了殺蟲劑，所以地上都是蟑螂的屍體。

100 因為老師說寫字不能粗心。

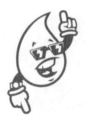

101. 有對親姐妹的父親死了，兩姐妹去參加父親的葬禮，父親死後兩姐妹就只能相依為命了，這時候，妹妹在墓地的角落裡看到一個長得非常帥氣的男孩子，妹妹對他一見鍾情，並深深地愛上了他，這天晚上，妹妹就親手殺死了她的親姐姐，請回答這是為什麼？

102. 現代人為什麼越來越不相信「人算不如天算」？

103. 一個球被踢進一籃雞蛋裡，為什麼雞蛋都沒有破？

104. 一位胖女士十分愛吃甜食，她為什麼十分痛恨同樣也愛吃甜食的螞蟻？

105. 小白兔為什麼不喜歡和斑馬做朋友？

106. 小白兔為什麼不喜歡和熊貓做朋友？

107. 小白兔為什麼不願意和蜘蛛做朋友？

108. 五歲的佳佳為什麼說她的爸爸只有五歲？

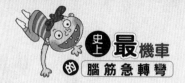
101 因為那個妹妹還想看到那個男孩，想再舉行一次葬禮，所以就把姐姐殺了。

102 因為大家都相信「人算不如電腦算」。

103 因為那是個氣球。

104 大家都愛吃甜食，憑什麼你的腰那麼細。

105 因為有紋身的都是不良少年。

106 因為戴墨鏡的都不是好孩子。

107 因為整天上網的孩子成績不好。

108 因為她出生時這個人才開始當爸爸的。

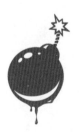

109. 一名雙眼失明的中年人跟一名身體健全的青年人賽跑，失明人卻贏了，這是怎麼一回事？

110. 有甲、乙、丙三個人跳傘，甲、乙有帶傘，丙則無，但後來反而丙沒事，甲乙都有事，為什麼？

111. 一條專門吃人的鱷魚為什麼也能獲准進去天堂？

112. 一個陰森的夜晚，眼前一個長髮披肩，臉色蒼白的女孩，用手去摸，卻摸不著，為什麼？

113. 小剛進入屋內為什麼不隨手關門？

114. 小毛喜歡運動，有一天他在攝氏三十八度的高溫下做很激烈的運動，為什麼不會流汗？

115. 小燕發現房間遭竊，卻一點也不緊張，為何？

116. 小李一次出差去辦事，提早回來了，看見隔壁的小樓跟自己的妻子睡在床上，小李為什麼不生氣？

109 因為那是在伸手不見五指的晚上賽跑。

110 是甲乙為丙辦喪事。

111 因為牠吃了一個神父。

112 因為中間隔著透明的玻璃。

113 因為是自動門。

114 因為他在水裡運動。

115 因為那是別人的房間。

116 因為小樓是女的。

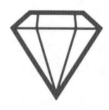

117. 小孫在偷偷地看一本書，媽媽看了之後不生氣反而嚇了一跳，為什麼？

118. 小戴是位科學家，歷盡千辛萬苦終於來到一個地方，他面北而立，向左轉了九十度，卻還是向北，再轉九十度依然面北，又轉九十度還是面北，你知道是什麼原因嗎？

119. 問醫生病人的情況，醫生只舉起五根手指，家人就哭了，是什麼原因呢？

120. 為什麼養長頸鹿最不花錢？

121. 為什麼大家都說小毛吃人不吐骨頭？

122. 有人從十公尺高的地方不帶任何安全裝置跳下卻沒有摔傷，為什麼？

123. 美國演藝界的離婚率之高，全世界無出其右者。有位婦女前往律師處表示：「我和我先生不論對什麼事都會意見相左，一年到頭爭吵不休。所以想要離婚，但不知是否可行？」律師稍微想了一下，然後回答：「這是不可行的呀！」為何律師會這樣回答呢？

117 那本書是鬼故事。

118 小戴在北極。

119 因為五個指頭三長兩短。

120 因為牠們的脖子長，一點點食物都要走很長的路才能到肚子裡。

121 因為他吃掉了一個麵人。

122 因為他在跳水。

123 因為既然什麼事都相左，當然太太說想離婚，先生就會說不想離婚。

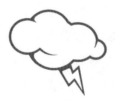

124. 有對情侶要自殺，他們手裡有瓶毒藥。這種毒藥很怪，喝少一滴都不會死，但是他們又沒錢再買第二瓶，但最後他們是喝同一種毒藥死掉的，為什麼呢？

125. 桌子上有一個普通的肉包子，有一隻動物，這隻動物沒有把這個包子的皮搞壞或弄破，就吃到了包子裡的肉餡。這是怎麼回事？

126. 維薩在電影院看電影時，為什麼每次看的都是不連貫的電影？

127. 某城市今晚的電視為什麼只有圖像，沒有聲音？

128. 皮膚黑的人為什麼要去做漂白手術？

129. 亮亮語文和數學共考了兩百分，結果靜靜得了第一，為什麼？

130. 李東對張南講，他昨天出差到廣州，晚上給家裡打電話時妻子問他是不是把家裡信箱的鑰匙帶走了，他一找，果然是的。今天他趕緊把鑰匙放信封裡寄了回去。張南一聽，罵李東是笨蛋。你說這是為什麼？

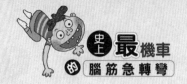

124 因為他打開瓶蓋發現「再來一瓶」。

125 那隻動物是一隻小蟲，被人不小心連同肉餡一起包到包子裡了，由於這個包子是個生包子，蟲子就能在包子裡吃肉餡了。

126 因為他每次都是看一會兒睡一會兒。

127 因為今天是卓別林的誕辰紀念日，電視上演的都是默劇。

128 因為他們害怕遭到不白之冤。

129 因為他們不在同一個班。

130 因為鑰匙被投到信箱裡，他妻子還是拿不到。

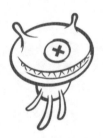

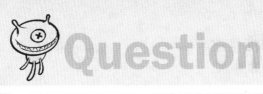

Question

131. 老王很有錢，可別人說他是個奴隸，為什麼？

132. 老大和老么之間隔著三兄弟，雖是同年同月同日生，卻一點也不像，為什麼？

133. 員警面對兩名歹徒，但他只剩下一顆子彈，他對歹徒說：「誰動我就打誰，結果沒動的反而挨子彈，為什麼？」

134. 今天上午只上半天課，學生為什麼還不高興？

135. 雞鵝賽跑，雞比鵝跑得快，為什麼鵝先到終點？

136. 老王的頭髮已經掉光了，可為什麼他還是老去理髮店？

137. 點點在街上散步時見到一張百元大鈔和一塊骨頭，點點不要鈔票只撿了一塊骨頭，為什麼？

138. 有人騎自行車騎了很久，但周圍的景物始終沒有變化，為什麼？

139. 兩位爸爸，一個兒子同處一室，三人合計卻是九隻手，為什麼？

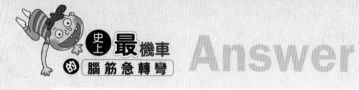

131 老王是個守財奴。

132 因為他們是手指頭。

133 因為不動的比較好打。

134 因為下午還有半天課。

135 因為雞跑錯了方向。

136 因為老王是理髮師。

137 因為點點是隻狗。

138 因為他騎的是健身車。

139 因為祖孫三代都是扒手。

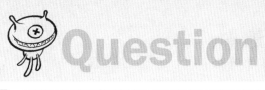

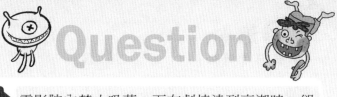

140. 電影院內禁止吸菸,而在劇情達到高潮時,卻有一男子開始吸菸,整個銀幕籠罩著煙霧。但是,卻沒有任何一位觀眾出來抗議,這是為什麼?

141. 小明的成績不算差,卻讀了三年的二年級,這是怎麼回事?

142. 大衛一家五口外出旅遊,說好一人帶一瓶飲料,可是大衛堅持只帶四瓶可口可樂,為什麼?

143. 大偉在電影最精采的時候卻去上廁所,為什麼?

144. 從飛機上掉下的東西打到人了,人卻沒有受傷,為什麼?

145. 陳先生走在路上,眼前有一張千元大鈔,他明明看見了,為什麼不去撿?

146. 百貨公司裡,有個禿頭的推銷員,正在促銷生髮水,你知道為什麼他自己不用生髮水嗎?

147. 阿美的事業並沒有什麼成就,為什麼也有「女強人」的外號?

140 因為那男子是電影裡的人物。

141 他讀了小學二年級，中學二年級，大學二年級。

142 另外一瓶是可口可樂以外的其他飲料。

143 因為他沒有去看電影。

144 是跳傘的人被自己的傘打了。

145 因為那張千元大鈔拿在別人手裡。

146 他是想讓大家知道禿頭有多麼難看。

147 因為她常常強人所難。

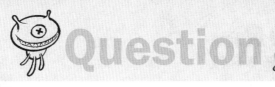

148. 阿火在考試時全部答對，為什麼卻沒有得到滿分？

149. 阿呆開車去動物園玩，動物園很近，他的路並沒有走錯，為何卻總到不了目的地？

150. 大明在英國出生和讀大學，為什麼他還不能講流利的英語？

151. 當你向別人誇耀你的長處的同時，別人還會知道你的什麼？

152. 一隻熊往南走了一千公尺，又往東走了一千公尺，再往北走了一千公尺，就回到了起點。這隻熊是什麼顏色？

153. 電子錶的動力來自於電池中的電能，那麼機械錶的動力來自哪呢？

154. 叢前有一隻狗，狗前面有一隻貓，貓前面有一隻老鼠，狗後面是什麼？

155. 通常情況下，啞巴說的話比正常人少，那麼啞巴什麼時候發出的聲音最多？

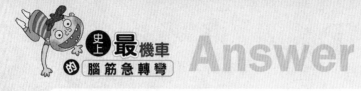

148 因為考的是「是非題」。

149 因為他已經開過了。

150 因為他口吃。

151 你是不是啞巴。

152 白色。因為只有在北極，才能往南一千公尺，往東一千公尺，往北一千公尺之後又回到起點，在北極的當然是北極熊啦。

153 來自於人，是人將錶上了發條錶才會走。

154 叢！

155 睡覺打呼。

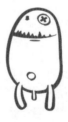

156. 有人喜歡去中餐館，也有人喜歡吃西餐，你知道在哪裡吃飯的人最多？

157. 小麗和小倩是一對雙胞胎，在家裡，她倆長得最像爸爸還是最像媽媽？

158. 麥克和同學一起玩球，不小心把球從窗戶扔進了別人家的屋子，可等那家主人回來後進屋找球，卻怎麼也找不到，這個球到底去哪兒了呢？

159. 樂樂在水泥地面上，地上沒有鋪地毯或者其他東西，一隻玻璃杯從樂樂嘴邊掉到水泥地上，卻絲毫沒有損壞，這是怎麼回事？

160. 在感冒流行的季節裡，怎樣才能防止第二次感冒？

161. 左眼跳財，右眼跳災，左右眼一起跳會發生什麼？

162. 一張紙上寫著一個「王」字，小王用毛筆在紙上又加了一筆，卻把「王」字變成了「工」字，可能嗎？

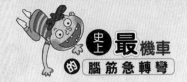

156 在桌邊。

157 小麗最像小倩，小倩最像小麗。

158 麥克和同學玩的是雪球，室內溫度高，時間太長雪球就融化了。

159 樂樂當時躺在地上，嘴邊的玻璃杯離地面只有一公分。

160 第一次感冒別治好，就不會又第二次感冒。

161 破財消災。

162 可能，原來是白紙上用黑筆寫的「王」字，現在用毛筆蘸白色是顏料在「王」字的上半部分畫一筆，就是「工」字。

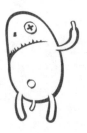

163. 跳水運動員的動作難度一般都很大，比如轉體三周。可是下面這個動作無論如何都完成不了，你猜是什麼？

164. 小蓮是個五歲的小女孩，她並沒有練過類似氣功之類的功夫，卻能把一塊磚頭扔到離自己一百公尺遠的地方，你相信嗎？

165. 有一個少年俠客自幼習武，他很想打敗一個武功高強的成年人，可無論怎麼努力練習武功還是略輸一籌，他該怎麼辦？

166. 小話梅早上起來跟媽媽說今天不想上學了，你猜她的理由是什麼？

167. 每天早上，是太陽叫公雞起床，還是公雞叫太陽起床？

168. 從台北開往高雄的高鐵列車上最多的是什麼人？

169. 小美有三件新買的衣服，棉布的、尼龍的和燈芯絨的，哪一件衣服最耐穿？

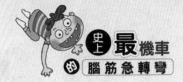

163 轉體三週，前空翻一個月。

164 她站在一百公尺高的懸崖邊往下扔磚頭。

165 等這個成年人很老很老的時候再和他比武。

166 渾身都是酸的。

167 當然是公雞叫太陽起床，太陽不會叫。

168 乘客。

169 小美最不喜歡的那件，永遠都穿不壞。

Question

170. 一個四腳朝天，一個四腳朝地，一個很痛苦，一個很高興，這是在幹什麼？

171. 羊皮和牛皮經常用來製作保暖的皮革衣物，那麼豬皮是用來做什麼的呢？

172. 當你捏住你的鼻子時，你會看不到什麼呢？

173. 一個新老公和一隻新買的狗有什麼不同？

174. 現在很多學校都有課前早自習，如果有一天廢除早自習會造成什麼影響？

175. 擁有一頭長長的秀髮的女人總是很受歡迎，那麼對一個打算把頭髮留到腰部的女人來說，最重要的一件事是什麼？

176. 一個富豪有一輛保時捷、一棟豪華別墅外加一座金庫，請問他的什麼東西最值錢？

177. 火星人來到地球後最喜歡吃什麼？

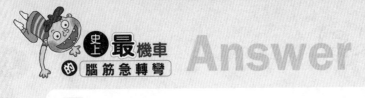

170 貓捉老鼠。

171 包豬肉用的。

172 當然是你自己的鼻子。

173 新買的狗一年後看到你還是很興奮,老公卻未必。

174 家長和孩子都多睡半小時。

175 晚上不要穿著白衣服出門。

176 他的腦袋最值錢。

177 王老吉(怕上火喝王老吉)。

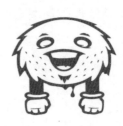

178. 有一隻小白貓掉進河裡了，一隻小黑貓把牠救了上來，請問：小白貓上岸後的第一句話是什麼？

179. 小芬對小芳說：「後天的大前天的後天，也就是昨天的昨天的大後天是我的生日，請來參加我的生日派對。」小芳應該什麼時候赴約呢？

180. 窮人和富人在什麼地方沒有區別？

181. 一隻公壁虎和一隻母壁虎爬在牆上談戀愛。母壁虎說了一句話，是個疊聲詞。說完後，只聽「叭」的一聲，公壁虎掉了下來，問：母壁虎說了什麼？

182. 小李總是吃軟不吃硬，說明什麼？

183. 星星、月亮、太陽哪一個是啞巴？

184. 哪一種鴨子顏色最漂亮？

185. 從二樓跳下去和二十樓跳下去有什麼區別？

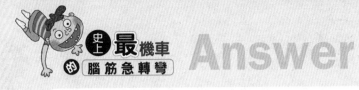

178 小白貓説：「喵！」

179 是明天赴宴。

180 在浴室裡。

181 「抱抱。」

182 他牙不好。

183 星星，因為都唱「天上的星星不説話」。

184 烤鴨。

185 從二樓跳下去是「咚……啊！」，從二十樓跳下去是「啊……咚！」

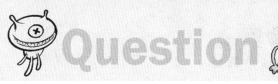

186. 一員警值班，有人報告說，兒子的爸和爸的兒子打起來了。究竟是誰和誰打起來了？

187. 如果你向游泳池裡扔一塊石頭，會發生什麼現象呢？

188. 半夜十二點，在鏡子前點一根蠟燭，對著鏡子削蘋果，你會看到什麼？

189. 兩個人剛結婚，可是男的不承認女的是他老婆，女的也不承認男的是她丈夫，怎麼回事？

190. 在聯合國開會的各國人當中，哪種人比較高？

191. 有一條裙子，媽媽可以穿，奶奶可以穿，爸爸也可以穿，這是什麼裙子？

192. 小王愛吹口哨，小李愛吹喇叭，你猜他們吹什麼人們最討厭？

193. 什麼問題你答對了，老師卻對你不滿意？

194. 除了拔河之外，那一項體育比賽是要向後退的？

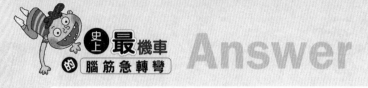

186 自己的丈夫和自己的兄弟。

187 罰款。

188 一個笨蛋。

189 兩對新人同時結婚，其中一個丈夫和另一人的妻子是朋友。

190 男人。

191 圍裙。

192 吹牛。

193 老師問：「這道題你會不會做？」
你說：「不會做。」

194 仰泳。

195. 做什麼事一定需要米？

196. 豆豆不小心把自己的手錶、身份證、學生證都弄丟了，爸爸叫他趕緊把這些東西都找回來，他先找什麼爸爸會不高興？

197. 什麼時候，魚兒可以像鳥兒一樣在樹木之間自由自在地遊來遊去？

198. 老師讓同學們談談自己的理想，小明說自己長大以後想當老師，老師聽了很高興，問他為什麼，你猜小明怎麼說？

199. 唐僧累了一天睡得正香，悟空為何非要把他叫醒？

200. 有沒有坐著比站著高的動物？

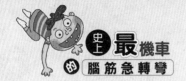

195 寫「糧」字。

196 找藉口。

197 淹水的時候。

198 小明說：「因為當老師不用寫作業。」

199 唐僧在夢中唸起了緊箍咒。

200 貓和狗。

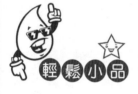 輕鬆小品 　紳士風度

　　徐小姐回家時搭公車，車上人多很擠，買票時她掏了幾次口袋都沒掏出錢來。

　　「小姐，我幫妳買票吧？」身後傳來一個男士的聲音。

　　「謝謝，不用，我自己來。」徐小姐警覺地回答完，又開始從口袋掏錢。

　　「還是我來幫妳買吧！」身後的男士開始不耐煩，「我再不替妳買，妳還要沒完沒了地掏我的口袋。妳都掏五次了！」

Top
Brain
Twisters

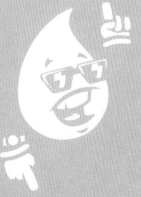

奇思妙想的心思類

　　這些問題如果用常規思維思考是找不到答案的，唯有獨闢蹊徑才能突出重圍。快來比比誰的心思最巧妙、誰的腦袋最靈活！

01. 老師問小明：「如果明天就是世界末日，今天你會去哪裡？」小明說：「我就待在教室裡。」為什麼？

02. 一隻小狗在沙漠中旅行，結果死了，請問牠是怎麼死的？

03. 一隻小狗在沙漠中旅行，找到了電線桿，結果還是憋死了，為什麼？

04. 一隻小狗在沙漠中旅行，找到了電線桿，上面沒貼任何東西，結果還是憋死了，為什麼？

05. 有個人長得像劉德華，卻被別人說長得很醜，這是為什麼？

06. 士兵為什麼把手榴彈叫做「鐵蛋」？

07. 中午太陽很大，阿健為什麼讓他的狗蹲在門口曬太陽？

08. 一個士兵向班長請假回家，班長說：「不行！」可士兵還是走了，為什麼？

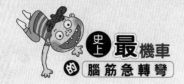

01 因為在教室裡有度日如年的感覺。

02 牠是憋死的，因為沙漠裡沒有電線桿可以尿尿。

03 電線桿上貼著「此處不許小便」。

04 很多小狗在排隊，沒等到。

05 因為這人是個女孩。

06 因為碰上了這玩意鐵定完蛋。

07 因為阿健想吃熱狗。

08 因為士兵以為班長說的是「步行」。

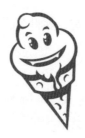

09. 老張躺在床上睡午覺，醒來後卻發現屁股上有一排牙印，這是怎麼回事？

10. 一家房地產公司為了吸引顧客，打出「買房子，送傢俱」的廣告，有人買了一套房子卻沒有得到傢俱，這是為什麼？

11. 阿牛吹了一個小時電風扇，為什麼還渾身是汗？

12. 海面上一艘船在下沉，眼看著就要淹沒了，岸邊的人卻眼睜睜地看著，沒有一個人報警，為什麼？

13. 阿嬌騎自行車上學，半路上煞車壞了，可她不但沒有停車，反而更拼命地騎，這是為什麼？

14. 小胖是全班最胖的孩子，稱體重時指標卻指向「○」，而秤並沒有壞，這是怎麼回事呢？

15. 瑪麗過馬路時，為什麼先朝一邊看看，又朝另一邊看看？

16. 一個飛行員從飛機上跳下來，沒有打開降落傘，卻沒有受傷，這是怎麼回事？

09　睡覺時屁股壓在他的假牙上了。

10　廣告的原意是顧客買了房子，公司可以幫忙搬家。

11　因為是阿牛在對著電風扇吹氣，電風扇沒吹他。

12　因為那是艘潛水艇。

13　因為上學的路是上坡。

14　因為小胖太重了，指針繞過了一圈。

15　因為她不可能同時朝兩邊看。

16　因為飛機還沒有起飛。

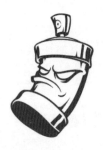

17. 天黑一次亮一次就是一天，可是有一次天黑了兩次仍然只過了一天，你知道是什麼原因嗎？

18. 小陳半夜吃泡麵，為什麼一邊吃，一邊眼盯著手錶看？

19. 阿發的長相和家人很相像，但大家都說阿發不是他們的孩子，為什麼？

20. 順著往「基隆」的路標走，卻跑到「桃園」去了，為什麼？

21. 某國法律規定，男性不得與他的寡婦之姐妹結婚，為什麼？

22. 一個失戀的年輕男子從兩層樓高的天橋往下跳，結果卻毫髮無傷，這是怎麼回事？

23. 三國時的美男子周瑜，為什麼會感慨地說「既生瑜，何生亮」呢？

24. 在沒有停電、跳電的情況下，為什麼吳先生按了開關電燈卻沒有亮？

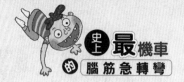

17 碰上日全食了。

18 因為那包麵的保存期限到明天凌晨。

19 因為阿發是爸爸。

20 颱風剛過嘛，路標倒了。

21 既然有了寡婦表明本人已死，當然不能再娶了。

22 因為他是演員，正在拍電影。

23 因為諸葛亮長得比周瑜帥。

24 他接的是電視開關，燈當然不會亮了。

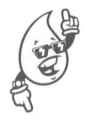

25. 為什麼有人說「情人眼裡出西施」？

26. 為什麼小明拒絕用「一邊……一邊……」這個詞來造句？

27. 小虎從「武術大全」這本書上學得一身好功夫，但是第一次路見不平就被修理了一頓，為什麼？

28. 奶奶非常疼愛她養的那隻貓，當貓咪生日那天，她特地準備了五個各放了一條魚的盤子，為牠祝賀。貓咪走到盤子前，猶豫了一會兒，然後把第三個盤子裡的魚吃掉了，為什麼？

29. 老古家遭小偷，損失慘重，當警方通知破案時，老古卻送慰問品去看那名竊賊，為什麼？

30. 小胖在從圖書館回家的計程車上睡著了。突然他一覺醒來，發現前座的司機先生不見了，而車子卻仍然在往前進，為什麼？

31. 小明喜歡把家裡的鬧鐘弄壞，媽媽為什麼總是讓不會修理鐘錶的爸爸代為修理？

25 因為愛情使人盲目。

26 因為老師說「一心不能二用」。

27 因為他看的是盜版書。

28 因為牠高興。

29 因為他想請教在半夜回家而不把老婆吵醒的方法。

30 車子拋錨了，司機正在後面推車。

31 媽媽讓爸爸修理小明。

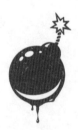

Question

32. 老張是出了名的拳手,為什麼一戴上拳擊手套反而讓對手三兩下打下台去了?

33. 小王跑步為什麼總是保持一個姿勢不變?

34. 陸先生剛理髮完,便要求理髮師將他的頭髮「中分」。理髮師說做不到,為什麼?

35. 人死後為什麼變得冰涼?

36. 一間屋子裡到處都在漏雨,可是誰也沒被淋濕,為什麼?

37. 杏子從五十二樓跳下,為什麼沒事?

38. 老詹養了一隻狗,並且從來不幫狗洗澡,為什麼狗不會生跳蚤呢?

39. 老王為什麼喜歡和自己的妻子打麻將?

40. 外面艷陽高照,為什麼小可全身濕淋淋的?

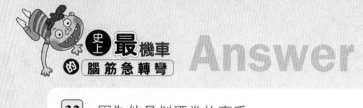
32 因為他是划酒拳的高手。

33 因為他在照片中。

34 因為他的頭髮根數是奇數。

35 因為心靜自然涼。

36 因為房子裡面沒有人。

37 因為杏子是隻鳥。

38 因為狗只會生小狗，永遠不可能生跳蚤。

39 因為只有這樣才可以收回一部分薪水。

40 他在家裡洗澡。

41. 書呆子買了一本書，但是媽媽發現那本書被放在了臉盆裡，為什麼？

42. 一位老人上了車，當時車廂內客滿，沒有任何空位，老人就站在陳先生旁邊，可是年輕的陳先生一點兒也沒有讓座的意思，是怎麼回事呢？

43. 月月第一次見到壯壯就斷定壯壯是喝羊奶長大的，為什麼？

44. 文文在洗衣服，洗了半天她的衣服還是髒的，為什麼？

45. 阿勇做事總是拖泥帶水，但老闆總是表揚他，為什麼？

46. 有兩個人被綁架了，並被塞到汽車的後車廂中。第二天早晨，當汽車後車廂被打開時，發現一個人死了，另一個人卻活著，這是為什麼？

47. 一個人開車以時速五十五公里的速度在公路上行駛，但是他超過了三輛時速六十公里的車，最後他被一名員警攔住並開了張罰單，為什麼？

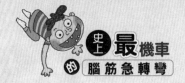
41 因為書呆子認為那本書太枯燥了。

----

42 陳先生是司機。

----

43 因為壯壯是一隻羊。

----

44 因為她在幫別人洗衣服。

----

45 因為阿勇是泥水匠。

----

46 死的那個人是窒息而死的，另一個人透過呼吸後車廂中備胎裡的空氣活了下來。

----

47 他在單行道上逆向行駛。

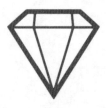

48. 湯姆生下來就一直住在斯德哥爾摩,有人問他是不是在那兒住了一輩子的時候,他卻回答說沒有。為什麼呢?

49. 一個跳傘運動員從一千公尺高空跳下,為什麼半天也不見他呢?

50. 為什麼說莎莉新買的緊身牛仔褲比她的皮膚還要緊?

51. 家裡的屋頂總是漏雨,可是丈夫為什麼不打算修補漏雨的屋頂呢?

52. 為什麼說爺爺的假牙像星星?

53. 一個醫生和一個推銷員同時愛上了一個女子,推銷員得出差一個星期,因此他送給女子七個蘋果。為什麼?

54. 戒菸不是一件容易的事,為什麼一個癮君子說戒菸對於他易如反掌?

55. 小莫是個出了名的仿冒大王,為什麼他能逍遙法外而又名利雙收呢?

48 他一輩子還沒過完呢！

49 因為他掉海裡了。

50 因為她的皮膚允許她蹲下來，緊身牛仔褲不行。

51 因為下雨的時候他不能修，不下雨的時候又用不著修。

52 因為它們都是晚上才出來。

53 因為「一天一蘋果，醫生遠離我」。

54 因為他已經戒過很多次了。

55 因為他是專門模仿名人的動作和聲音的藝人。

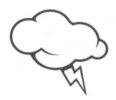

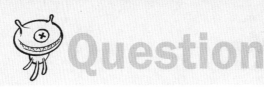

56. 船翻了，船上的兩個人掉到水裡，可是只有其中一人頭髮濕了，這是為什麼？

57. 通常從紐約到芝加哥坐火車只要八小時，可是這列火車離開紐約已經超過十小時了，為什麼現在還沒有到呢？

58. 老先生為何同時戴兩支錶？

59. 為什麼人們只看過小說，沒看過大說？

60. 一天，一塊三分熟的牛排在街上走著，突然，它在前方看到一塊五分熟的牛排，卻沒有理會。它們為什麼沒打招呼？

61. 為什麼一架紙飛機，造價要一億元新台幣呢？

62. 小傑住的是樓房，為什麼每次出門還要上樓？

63. 一個男人身體不適去醫院體檢，診斷結果居然是懷孕了，你說為什麼？

64. 小胖的肚子已經撐得受不了了，為什麼還要一直拼命地喝水？

56 因為另一個人是禿頭。

57 因為這列火車不是開往芝加哥的。

58 是為了互相監督是否走時準確。

59 因為大説很早以前已經去世了。

60 因為它們不熟。

61 因為那是用一張一億元支票摺疊成的紙飛機。

62 因為他住在地下室。

63 因為他心懷鬼胎。

64 因為小胖掉進河裡了，又不會游泳。

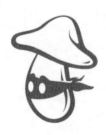

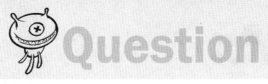
65. 阿牛走路時不小心一頭撞在電線桿上，可是為什麼後來連手也會痛？

66. 一輛客車在蜿蜒的山路上發生了事故，所有的人都受傷了，為什麼小明卻沒事？

67. 狐狸埋伏在兔子必經的草叢旁，等了很久兔子終於來了，可狐狸卻一動不動，為什麼？

68. 人常說：「沒有舌頭不碰牙齒的。」可小旗的舌頭怎麼也碰不到牙齒，這是怎麼回事？

69. 在一塊平坦的草地上，一個神槍手拿槍瞄準了一百公尺處的一個人，那人高兩公尺，子彈始終在離地面一公尺高筆直地打過去，那人並未移動，卻安然無恙。這是為什麼？

70. 萬先生以前一被別人笑就不高興，現在他越被人笑就越高興，這是為什麼？

71. 一天，樂樂出門了，他沒做什麼壞事，為什麼還是提心吊膽的？

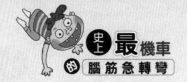

65 他一生氣，狠狠地揍了電線杆一頓。

66 因為小明不在車上。

67 因為牠看見一隻狼在追兔子。

68 因為小旗是嬰兒，還沒長牙。

69 因為那人躺在草地上。

70 因為他改行做了喜劇演員。

71 因為媽媽讓他去買豬內臟。

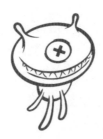

72. 小紅和小李互相吹牛，小紅說她可以把整個世界吃下去，小李說了什麼勝過了小紅？

73. 鐵杵磨成針的最大難點是什麼？

74. 西班牙在十五世紀時發生了六次戰爭，是哪六次？

75. 包子喝多了，在路邊吐啊吐啊，最後變成了什麼？

76. 爸爸在裝熱水瓶，媽媽在放水洗衣服，此時小聰想幹什麼？

77. 考試，有個同學準備擲骰子做選擇題，1234分別對應ABCD！請問如果擲到5跟6怎麼辦？

78. 多啦A夢有幾個兄弟姐妹？

79. 周杰倫的粉絲都是什麼族？

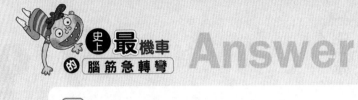
72 我可以把你吃下去。

73 針眼。

74 第一次、第二次、第三次、第四次、第五次、第六次。

75 旺仔小饅頭。

76 想小便。

77 獎勵再擲一次！

78 25個，多啦B夢，多啦C夢，等等。

79 追星族。

80. 有一個人在沙漠中，頭朝下死了，身邊散落著幾個行李箱子，而這個人手裡緊緊地抓著半根火柴，推理這個人是怎麼死的？

81. 某大學跳蚤市場上有二手的高等數學課本出售，賣書的學長說有九成新，如何辨別？

82. 一顆糖被科學家帶到了北極，你猜發生了什麼？

83. 某日一女中某班物理老師請病假，四十位女同學都在期待會是誰來代課，到了物理課時居然是位大帥哥男老師，一位女同學嬌滴滴地說：「老師我們可不可以不要上課，來玩一些有意思的遊戲呢？」你猜發生了什麼？

84. 唐老鴨最害怕發生什麼事？

85. 養過電子雞和電子狗的人，會有什麼感受？

86. 一個人在回家的路上碰到十隻獅子，請問他會變成什麼？

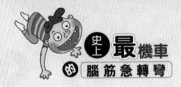

80 搭熱氣球穿越沙漠，結果超載，乘客決定抽籤，火柴盒裡的半根火柴被誰抽到，誰將被扔下熱氣球。

81 拿成績單來看。

82 變成冰糖。

83 男老師沉默了一會兒說：「好，各位同學課本收起來，現在考試！」

84 發現原來自己是白天鵝。

85 雞犬不寧。

86 十堆獅子大便。

4

87. 有兩面與你一樣高的大鏡子平行豎放，如果你站在中間就會有很多人像排成一列反映出來，那麼，將前後左右上下不留一點縫隙的用鏡子封成一個立體房間，並且，鏡面都朝內，你會看到什麼？

88. 一個胖子跌倒最容易受傷的是哪裡？

89. 世界上有多少國家？

90. 你知道布穀鳥對我們有什麼用處嗎？

91. 一個團體一共多少個人？

92. 唐僧師徒四人在一起聊天，突然八戒發現自己的手臂上有一隻蚊子，請問他要怎樣才能打死蚊子不讓師傅生氣？

93. 五百人睡一張床，怎麼睡？

94. 結婚以後整天愛在家裡不出門的女人叫什麼？

95. 哪個老爺爺最先知道會下雨？

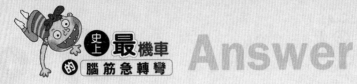

因為不留縫隙，光線進不來，所以裡面什麼也看不見。

站在他附近的人。

兩個，本國和外國。

牠的「布」可以做衣服，「穀」能當糧食吃，「鳥」可以當做寵物。

二十個，因為是團體（twenty）。

妖怪，變成蚊子我也認得你。

一人睡一頭，兩個二百五。

居禮（裡）夫人。

老天爺。

---

96. 袋鼠的前世是什麼？

97. 一位富翁躺在病床上，對守在身邊等著繼承巨額遺產的兒子說：「我想我的病情有所好轉了。」你猜他是怎麼知道的？

98. 蜘蛛俠是什麼顏色的？

99. 有隻鴨子叫小黃，一天牠過馬路不小心被車撞到，於是大叫一聲：「呱！」你猜牠變成了什麼？

100. 兩顆番茄過馬路，一輛汽車飛馳而過，番茄來不及躲閃，猜一食物。

101. 小紅說她可以輕而易舉的跨過一棵大樹，她是怎麼跨過的呢？

102. 考試時最應注意什麼？

103. 橋下只能限高十公尺，但是船上的貨物已經超過十公尺，你該怎麼辦？

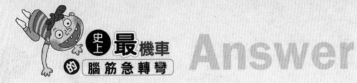

96 殭屍，都是跳著走的。

97 因為他看見兒子的臉色一天比一天難看。

98 白色，因為spiderman（是白的man）。

99 小黃瓜（呱）。

100 番茄醬。

101 一棵被伐倒的樹。

102 監考老師。

103 拿幾塊石頭放在船上，船就會下沉些。

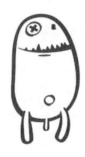

104. 如何利用一塊錢來賺錢？

105. 三個小朋友各買了一雙相同的鞋，為什麼他們穿的鞋還是不一樣？

106. 一隻豬在什麼情況下會保護和尚？

107. 一個被槍斃而死的鬼，最大的煩惱是什麼？

108. 要改變一塊糖的形狀，用什麼辦法最快？

109. 山城九份地勢高矮不平，你知道是上坡路多還是下坡路多嗎？

110. 徐先生犯了一個大錯誤。當他在太太面前，掏口袋的一剎那，袋內的酒吧火柴盒、未中獎的馬票，以及舊情人的照片等，均散落一地。他在慌張之餘，為了避免吵架，雙手馬上遮起一件東西。請問；他會去遮住什麼東西？

111. 一隻螞蟻居然從台北爬到了巴黎，可能嗎？

112. 用什麼辦法能使眉毛長在眼睛下面？

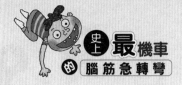

104 打電話向別人要錢。

105 剛買還沒穿。

106 去西天取經的時候。

107 喝水時會漏。

108 把糖放進嘴裡。

109 一樣多，因為有上坡就有下坡。

110 去遮住太太的眼睛。

111 可能，在地圖上爬。

112 倒立。

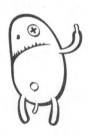

113. 兩瓶花中，一瓶是鮮花，一瓶是紙花，請說出哪一瓶是鮮花？

114. 牛頓在蘋果樹下蘋果擊中，發現了地心引力；如果你坐在椰子樹下，等待被椰子打中，你會發現什麼？

115. 有一塊天然的黑色的大理石，在九月七號這一天，把它扔到淡水河裡會有什麼現象發生？

116. 小明在基隆讀書，這天上學，看到有人在校門口辦喪事，嚇得心怦怦跳……到了學校，他打開飯盒後發現餃子少了兩個，他關上再打開又少了兩個……就這樣，最後餃子都不見了，小明很害怕。請問餃子哪去了？

117. 大雄練就了「吃西瓜不吐子」的絕招，到底他是怎麼練成的？

118. 除了睡覺的時候，什麼時候，我們會目中無人？

119. 一氣候突然轉冷，一隻鴕鳥決定南遷，請問牠頭向南，尾朝北，而爪子該朝向哪一方呢？

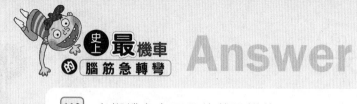

113 有蝴蝶在上面飛的花是鮮花。

114 會發現這種行為很愚蠢。

115 沉到河底。

116 沾在飯盒蓋上了。

117 吃的是無子西瓜呀。

118 半夜我們一個人走在墓地時。

119 下方,因為鴕鳥不會飛。

120. 不孕症婦女的孩子，會不會遺傳她的不孕症？

121. 怎麼樣才能使男人一見鍾情？

122. 樂樂不小心打破了媽媽最喜歡的花瓶，該怎麼辦？

123. 男生和女生有什麼共同點？

124. 有一個人想要過河但水很急，這裡有一把梯子和木頭，但梯子還差十公尺，木頭只有五公尺，請問他要怎樣才能過河？

125. 想想看，如果火星人來到地球，他說的第一句話將會是什麼？

126. 裝模作樣的人成功的途徑是什麼？

127. 一向莽撞的小明，在一個生命垂危的病人面前還要伸出自己的拳頭，他該受到怎樣的評價？

128. 地球上有兩處地方，昨天可以是今天，今天可以是明天，這是哪兒？

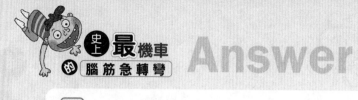
120 不會，不孕症婦女沒有孩子。

121 別讓他看你第二眼。

122 趕快假裝昏倒。

123 都是人類。

124 從橋上走過去。

125 火星文。

126 濫竽充數。

127 該受表揚，他在給病人獻血。

128 南極和北極。

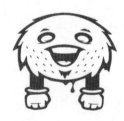

Question

129. 冰天雪地的北極找不到防身武器時怎麼辦？

130. 「善有善報，惡有惡報」是什麼意思？

131. 眾多少女崇拜的一位男歌手不幸因車禍成了植物人，他的粉絲會怎麼說呢？

132. 男人整理衣物時是如何分類的？

133. 東東說他能輕而易舉地把一隻倒懸的杯子裝滿水，而且不用任何東西堵住杯口，他是怎麼做到的呢？

134. 如何把撒在地上的一堆芝麻迅速撿完？

135. 走夜路犯了菸癮，有菸無火怎麼辦？

136. 榴槤和地心引力有什麼關係？

137. 每個成功男人的背後有一個偉大的女人，那麼一個失敗的男人背後有什麼呢？

138. 一隻小鳥正在天上飛，獵人對牠說了一句話，小鳥掉下來了，你猜獵人說了什麼？

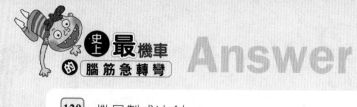

129 撒尿製成冰劍。

130 什麼報紙都有了。

131 帥呆了。

132 「髒的」和「髒，但還可以穿的」。

133 將杯子倒置在裝滿水的盆裡。

134 把雞叫來。

135 看看有沒有鬼火可以點。

136 幸好牛頓不是坐在榴槤樹下發現地心引力的。

137 有太多的女人。

138 獵人說：「哎呀，你的翅膀怎麼掉毛了。」小鳥
信以為真，看了一下，就掉下來了。

139. 相傳中國的龍門瀑布是塊靈秀之地，鯉魚凡是越過龍門瀑布，就可以變成龍，如果失敗就會變成烏龜。於是很多鯉魚都想盡辦法要一步登天，但是成功的很少，那麼那些失敗變成烏龜的都跑到哪兒去了？

140. 怎樣分辨章魚的手和腳？

141. 一個老太太去銀行把全部的錢都領了出來，不一會兒，她又存了進去，銀行的服務人員問她，妳不是剛領走嗎？老太太的理由很簡單，你知道是什麼嗎？

142. 研究恐龍的老教授某日突然發現，雖然恐龍化石的種類繁多，但實際上恐龍只有一種，請問是哪一種？

143. 神童都是怎樣進入名校的？

144. 小李用魚鉤同時釣起兩條魚，可能嗎？

145. 蚯蚓一家這天坐在家裡沒事做很無聊，小蚯蚓靈機一動把自己切成兩段打乒乓球去了，蚯蚓媽媽把自己切成四段打麻將去了，蚯蚓爸爸想踢足球怎麼辦？

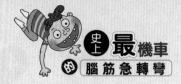

139 正在這裡聽故事。

140 讓章魚參加歌唱比賽,拿麥克風的是手,剩下的是腳。

141 拿出來數一數。

142 恐龍都滅絕了,所以是絕種。

143 從大門進去的。

144 可能,其中一條是魚餌。

145 找個同伴,可千萬別把自己剁成碎肉做成球踢。

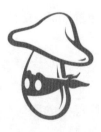

146. 河與江有什麼區別？

147. 小明不想上學了，於是告訴爸爸，他不舒服，那麼到底哪兒不舒服呢？

148. 有一對惡毒的夫妻吵架，妻子狠狠地罵丈夫：「我真是瞎了眼，踩到狗屎才會嫁給你。」丈夫回敬道：「我才真是瞎了眼踩到狗屎才會娶妳。」你說誰更倒楣？

149. 雞蛋是橢圓的，你能用一只圓規畫出雞蛋的樣子嗎？

150. 在路上撿到兩本書，一本是腦筋急轉彎，一本是神話故事，你會先看什麼？

151. 什麼報，看的人不花錢，出的人卻要花錢？

152. 味道鮮美，享用起來很舒服但可能會要命的湯是什麼湯？

153. 軍火商無論如何也無法批量生產的軍火是什麼？

154. 在哪個王國，當丈夫的天天吃素，卻允許當妻子的吃葷？

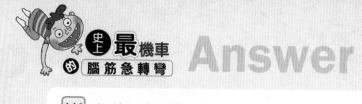

146　河比江多兩劃。

147　學校不舒服。

148　狗屎最倒楣，躺在哪兒都要被踩到。

149　能，雞蛋雖然是橢圓的，但從側面看它還是圓
　　的，所以很容易用圓規畫出來。

150　先看看是誰掉的。

151　電報。

152　迷魂湯。

153　糖衣炮彈。

154　蚊子王國（咬人的都是雌蚊子）。

Question

155. 豪華遊艇上，一位乘客向船長憤怒地抱怨，特等艙裡居然有老鼠，你猜船長怎麼說？

156. 什麼話不能對糖尿病人說？

157. 有四樣東西，只要得到其中一樣，也就同時得到了另外三樣？

158. 什麼時候，小胖盼望被老師罰站？

159. 你知道九曲十八彎的黃河的源頭在哪裡嗎？

160. 一個饅頭去歐洲留學，回來後變成了什麼？

161. 七嘴八舌是什麼意思？

162. 一個雞蛋跑去松花江游泳，結果變成了什麼？

163. 一個人生病了，用手摸臉，疼；摸頭，疼；摸耳朵，也疼。他到底是什麼病？

164. 傳說中遇見白無常者活，遇見黑無常者死，那麼同時遇見黑白無常會怎樣呢？

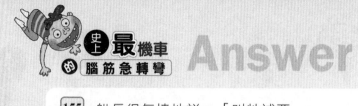

155 船長很氣憤地說：「叫牠補票。」

156 甜言蜜語。

157 東、南、西、北四個方向。

158 窗外有足球賽時。

159 天上，「黃河之水天上來」。

160 麵包。

161 其中一個人有兩個舌頭。

162 松花蛋。

163 手指骨折。

164 嚇得半死不活。

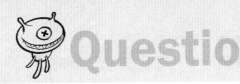

165. 王奶奶只花了一天的時間，就能從高雄掃到台北，她是怎麼做到的？

166. 一個乒乓球掉進了一個杯子裡，在不碰球，不碰杯子，不借助外物的情況下，能把球弄出來嗎？

167. 不借助任何交通工具，怎樣才能做到日行萬里？

168. 睡美人最害怕得什麼病？

169. 人們除了經常在耳朵上戴耳環之外，還經常用耳朵戴什麼？

170. 掉進無底洞的人會摔死嗎？

171. 有一種人喜歡整天搬弄是非，請問這是什麼職業？

172. 迄今為止，你見到過的最大的影子是什麼？

173. 阿呆喝下感冒糖漿，才想起自己忘了把藥搖勻，醫生說過不搖勻達不到最佳效果，他該如何補救呢？

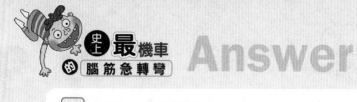

165 她在火車上掃的。

166 能，對著杯子吹氣。

167 站在赤道上不動。

168 失眠。

169 戴眼鏡。

170 不會，會餓死。

171 律師。

172 黑夜，那是地球的影子。

173 不停地翻跟斗。

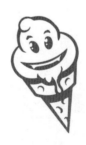

174. 妞妞和茜茜長得一模一樣，可她們卻不是雙胞胎，這可能嗎？

175. 小明的老師講的是什麼語，同學們還要邊聽邊猜？

176. 世界上哪兒的大象最小？

177. 含笑九泉是什麼意思？

178. 阿吉是個喬丹迷，擁有喬丹第一代到第十二代的籃球鞋，你知道他最喜歡哪一雙嗎？

179. 小湯姆寫信時，將收信人和寄信人的地址寫反了，信被寄回自己家裡，他怎樣才能不花半毛錢就把信寄給收信人？

180. 鐵放到外面會生銹，那金子呢？

181. 有一件事情員警費盡了心思都無法調查出結果，你猜他們在調查什麼？

182. 減肥的時候最先瘦下去的是哪個部位？

183. 樂樂上課打瞌睡，老師突然提問他：「岳飛是誰害死的？」你猜樂樂怎麼說？

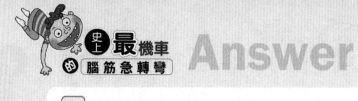

174 她們是三胞胎中的兩個。

175 謎語。

176 書上的。

177 高興死了。

178 下一雙。

179 寫上「查無此人」把信退回去。

180 會被偷走。

181 犯罪的成功率。

182 口袋。

183 不，不是我。

4

奇思妙想的心思類

184. 菲菲的英語很不好，下個月她要去英國旅遊，會不會遇到很多麻煩呢？

185. 開學以後最大的願望是什麼？

186. 語文老師讓每個同學寫一首小詩，吉米不承認他寫的詩是從別的書上偷來的，你猜他的理由是什麼？

187. 除了水資源污染、魚量減少之外，最令漁夫感到害怕的是什麼？

188. 桌上放著一張紙，紙上寫著一個命令，但是，看得懂的人絕不能宣讀這個命令，請問紙上寫的什麼？

189. 一個平時為人謙虛的人在什麼時候會變得目中無人？

190. 教書育人是一件非常辛苦的工作，你知道最令中學語文老師頭痛的是什麼事嗎？

191. 樂樂稱自己是辨認母雞年齡的高手，其絕招是用牙齒，你知道他是怎麼辨認的嗎？

184 不會，英國人會感到很麻煩。

185 放假。

186 那本書上的詩還在那裡啊，沒丟。

187 沒人吃魚。

188 紙上寫著「不要念出此文」

189 睡覺的時候。

190 感冒。

191 把母雞吃了來判斷老嫩。

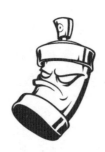

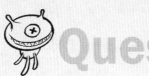
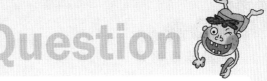

192. 大多數人都是用左手端碗，用右手吃飯，對吧？

193. 孔子是我國偉大的什麼家？

194. 一位游泳運動員成功地橫渡了英吉利海峽，當他登陸時，大家都為他喝彩，卻有一個人罵了他，你猜那人說了什麼？

195. 曉彤說她只用兩根火柴就能在桌上擺出一個正方形，你相信嗎？

196. 在熱帶雨林中，奔跑速度最快的動物是獵豹嗎？

197. 新版的紙幣怎麼張張印得不一樣？

198. 如果有一台電腦能幫你完成一半的工作，你將怎麼辦？

199. 有一位長相如恐龍的女子，居然讓兩位帥哥為她大打出手，你相信嗎？

200. 敲鼓、買醬油、做零工這三個詞語中的動詞不能互換，然而有一個字可以代替所有的動詞，你知道是哪一個嗎？

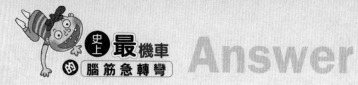

192 不對，用嘴吃飯。

193 老人家。

194 他說：「你不知道這裡有渡船嗎？」

195 能，把火柴放在桌角就行。

196 不是，熱帶雨林沒有獵豹。

197 編號不一樣。

198 再去買一台電腦。

199 相信，因為打輸的人要娶她。

200 可以用「打」字代替。

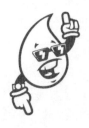

■ 謝謝您購買這本書，請詳細填寫本卡各欄後寄回，我們每月將抽選一百名回函讀者寄出精美禮物，並享有生日當月購書優惠！
想知道更多更即時的消息，請搜尋 "永續圖書粉絲團"

■ 您也可以使用傳真或是掃描圖檔寄回公司信箱，謝謝。
傳真電話：（02）8647-3660　　信箱：yungjiuh@ms45.hinet.net

◆ 姓名：_____　□男 □女　　□單身 □已婚

◆ 生日：_____　□非會員　　□已是會員

◆ **E-mail**：_____　電話：（　）_____

◆ 地址：_____

◆ 學歷：□高中以下　□專科或大學　□研究所以上　□其他_____

◆ 職業：□學生　□資訊　□製造　□行銷　□服務　□金融
　　　　□傳播　□公教　□軍警　□自由　□家管　□其他_____

◆ 閱讀嗜好：□兩性　□心理　□勵志　□傳記　□文學　□健康
　　　　　　□財經　□企管　□行銷　□休閒　□小說　□其他

◆ 您平均一年購書：□5本以下 □6～10本　□11～20本
　　　　　　　　　□21～30本以下　□30本以上

◆ 購買此書的金額：_____

◆ 購自：□連鎖書店　□一般書局　□量販店　□超商　□書展
　　　　□郵購　　　□網路訂購　□其他

◆ 您購買此書的原因：□書名　□作者　□內容　□封面
　　　　　　　　　　□版面設計　□其他

◆ 建議改進：□內容　□封面　□版面設計　□其他_____
　　您的建議：